建築という対話

僕はこうして家をつくる

光嶋裕介 Koshima Yusuke

★──ちくまプリマー新書
279

扉絵は全て著者（62頁のドローイングの部分）

目次＊Contents

はじめに

みなさん、こんにちは、光嶋裕介と申します。

苗字《みょうじ》は「こうしま」と読みます。英語に訳すと、「Shining（シャイニング）Island（アイランド）」ですから、なかなかのインパクトですよね。僕は、神戸と東京を拠点に、建築家として働いています。

しかし、建築家という職業がどのようなものなのかは、じつのところ、まだよく「わからない」ところが多くあります。この「わからない」があるからこそ、やっていて驚きがあり、面白いのかもしれません。十人の建築家がいたら、十人それぞれの働き方があるように思います。

アーキテクトという言葉は、そもそも西洋で誕生し、明治期に日本に輸入されたものです。昔は、大工さんが棟梁《とうりょう》となって、自ら設計しながら民家をつくっていました。建築家というのは、建築を設計するという狭義の意味だけではなく、もっと大きな「創造する者」という意味を含んでいます。

何かをつくるときには、哲学が必要です。強靭《きょうじん》な思想から生み出されたものが、人を感動させるのと同じように、人を惹《ひ》きつける建築をつくり出す人には、それだけの強い思想があります。そしてそのために、多くの感動体験を自らの中に蓄積し、たしかな技術や手法、価値観を獲得した人だと思うのです。

僕にとって建築家として働くことは、まだ見ぬ風景を求めて山登りをしている感覚に似ています。大自然を散策する道すがら、多くの仲間や師と出逢《であ》い、いまなお「わからない」建築家という職業が連れて行ってくれる場所へと向かってゆくのです。それが僕にとって新鮮かつ魅力的であり、わくわくする楽しい仕事であることは、間違いありません。やはり、常に多くの人と関わりながら働くからだと思います。

クライアントから依頼を受けて仕事が始まり、実際につくってくれる職人さんたちとチームを組み、完成した建築もまた多くの人に利用されることになります。つまり、建築はとても社会的な存在であり、建築家もまた、社会的な存在でなければならないと思うのです。

たくさんの人と関わりながら建物をつくる建築家という職業について、これから書いてみたいと思います。僕が生涯をかける生業《なりわい》として選んだ職業について、今までの具体的な経験に基づいた「自分語り」をします。建築家という職業を、なるべくわかりやすく書くことを心がけます。建築家という働き方を書くということは、結果的に「建築家という生き方」を書くことにほかなりません。それだけ建築家という職業は、多面的なものであり、深く人間的なものだと思っています。

建築や空間について感じたり、考えたりすることは、なにも特別なことではありません。むしろ、衣食住の「住」である建築や空間は、万人にとって、欠かすことのできない命の根源的なテーマのひとつです。そこには、受験勉強のような模範解答は存在しません。答え合わせもできません。すべてを数値化し効率的に解釈する方程式もありません。自分なりの解答をその都度考え続けるしかないのです。

いま「建築」と聞いただけで、何か難しい存在であるという先入観を多くの人に与えてしまっているように感じています。それが自分の身の回りの空間に対する無関心や、無自覚を引き起こしてしまっているようにも思うのです。これは、とても残念なことではないでしょうか。

空間に依存しながら生きるわたしたち人間にとって、その空間に対する感度が鈍ってきているように思えてなりません。空間に存在する多くのシグナルをきちんと受信する身体感覚の精度を上げるきっかけとして、対話を通して「建築」を拡張してみたい。

たとえ、はっきりとした因果関係を示すことができなくても、わたしたち人間が空間に依存しながら生活していることは間違いありません。建築という領域は、日常生活の大部分と深い関わりを持っています。空間と一切無関係に生きている人など、この世に一人もいないのですから。

ここに建築家としての生き方を書くことで、新しい若き読者たちにとって、建築や空間が少しでも身近なものとして感じられるようになり、何か新しい挑戦に向けてはじめの一歩を踏み出す参考になることを願って、これから筆を進めていきたいと思います。

第一章　僕の学び方

1　建築家になろうと決意した理由

いま建築家として働いていることを考えるにあたって振り返ってみると、やはり学びの原点は、もっとも多くの時間を過ごした家族の中にあるように思います。家族と過ごした時間が、自分という存在、あるいは自我を形成する前の段階としての土台をつくってくれたように思うのです。

遠くアメリカ合衆国で生まれたことまでさかのぼって考えてみると、僕はいつだって自分の中に「地図」を描きながら育ってきたように思います。それは、過去のノスタルジックな思い出に浸ることではなく、自分が成長していくためのたしかな手がかりとして、日々の経験を吸収したかったからです。経験したものが、自分のものとしてちゃんと定着するために、客観的な視点で自分の価値観を見渡すことができる地図を自分の中に持つことが必要だと思ったのです。

端的に言うと、世界を理解する方法です。自らの感覚を研ぎ澄まし、知識と経験によってつくられた自分だけの地図を、毎日上書きしていくということ。それを紐解《ひもと》くためにも、僕の生い立ちから話してみたいと思います。

両親がともに日本人であるにもかかわらず、外国で生まれ、海外生活の長かった僕は、自分がどこに住んでいたとしても、どこか「アウトサイダー」のように感じていたように思います。それでも、あまり気にすることなく、その都度変わり続ける環境にフィットしようと、いつも心がけていました。

英語が流れていたテレビから日本語の漫才が聞こえるようになったり、好きなメジャーリーガーのリッキー・ヘンダーソンのポスターが貼られた自分だけの広い部屋から弟と一緒の狭い部屋に引っ越したり、よく遊んでいた友人たちが替わったり、自分を取り巻く環境がある日を境にして劇的に変化したとしても、その先の未来に対して不安に思うより、まだ見ぬ新しい生活にわくわくし、新生活を楽観的に捉えて前進しようと意識していました。

見渡す限りの芝生の庭があったニュージャージーの家から、関西弁の聞こえる団地での生活へ、少年野球チームで青春していた奈良での小学校時代から、再度英語の話されるトロントやマンチェスターでの中学生活へ、自分の周りにある小さな世界はいつもガラガラと音を立てて変化していきました。

しかし、それでも僕自身は、変わることなく、どのような環境においても常に「ハッピー」

でいられるように、毎日をポジティブに過ごしてきたように思います。周りが変化しても、自分が前向きでいられ続けたら、いつでも元気になれると感じていたからです。

グローバル企業へと成長する日本の電子機器メーカーに勤める父の仕事の都合で、何度も国境を越えた引っ越しを経験すると、段ボールに洋服や荷物を詰めるといった骨の折れる作業は、四年に一度のオリンピックのような日常的な営みでした。旅先で買ってもらったクジラの置物をプチプチで丁寧に梱包《こんぽう》し、新しい家に着いたら、それが割れずに無事到着したことを確認しながら、また棚に並べていく。いつしか面倒だった引っ越しを楽しく感じるようになっていました。

アメリカから日本、日本からカナダ、カナダからイギリス（たまたますべて英語圏だった）と育った環境は数年毎に変わっても、仲良く遊んでいた近所や学校の友人たちが突然替わっても、いつも遊んでいた公園がコロコロ変わっても、変わらずそこにいた家族の存在がいつも大きな支えでした。

家の外では現地人と英語でコミュニケーションを図っていても、家族と日本語で接しているときは、外の自分とは違ったもう一人の自分でいられるような安堵《あんど》感を覚えたものです。

二つ上の兄貴と四つ下の弟とは兄弟喧嘩《きょうだいげんか》ばかりしていたように思います。しかし、それでも毎日が楽しかったのは、自分にとって戻るべき場所としての「家族」がいつもそこにいたから。自分という存在が他人との関係性ではじめて自覚されるという意味で、家族は自分の外側にいるもっとも近い他者であり、家族の延長線上にあらゆる共同体があり、社会があるのではないでしょうか。

絵が好きだった子供時代

そんな家族の中で、母が趣味でキルトをつくっていたことを、ときどき思い出します。キルトとは、いらなくなった洋服や余り布の切れ端を、型に合わせて切り、手縫いしたり、ミシンで縫製して、タペストリーなどの壁掛けや、ソファーカバーなどに生まれ変わらせるものです。楕円《だえん》の形をした大きなダイニングテーブルに、ミシンを置いて、着なくなったいろんな洋服を並べては、ひとり母が夜な夜な作業をする。

食事をするためのダイニングスペースが、母がキルトをつくっていると芸術家のアトリエみたいになるのが好きでした。深く印象に残っているのは、完成したキルトが綺麗《きれい》だったことより、家の中で母が何かをつくっているという事実が、子供ながらに羨《うらや》ましかった。

黒い持ち手の重い大きなハサミを使い、布切れを針で仮留めしながらコラージュし、手際よくミシンを使いこなして「創作」する母がかっこよかった。その場で花柄のワンピースだの、デニムのジーンズだの、生地の色と模様のバランスを直感的に考えながら作業を進めていたのでしょう。深夜になっても、ゴンゴンゴン……というミシンの低音がなり続けて僕の部屋にも聞こえるほどでした。

僕が「絵を描く」のが好きになったのも、母が家の中でキルトをやっていたことと間接的に関係しているように、今になって思います。それは子供ながらに、母に対する一種の対抗意識があったのかもしれません。僕だって何かを生み出すことができるのではないかと思っていました。

幼稚園に通っていた頃、両親が紙にマーカーで描いた線画に、色塗りしていたのが、僕の最も古い記憶のひとつです。リビングにあった白い大理石の低いテーブルで、父の描いた車の絵や、母の描いた花の絵にクレヨンで色をつけるのが好きだった。そして、完成した「作品」を誇らしく思い、自分の部屋の壁にピンで飾っていたように記憶しています。

いつ色塗りに飽きてしまい、自分で絵を描くようになったのかは、定かではありませんが、テレビで見ていたＷＷＦのプロレスラーの筋肉隆々なボディを一生懸命描いていたのは、はっきりと覚えています。小学二年生の時に日本に帰国してからは、キン肉マンや聖闘士《セイント》星矢《せいや》などのマンガのキャラクターを模写するようになっていました。すべての学びは、模倣からはじまるのかもしれません。

目にしたものを自分なりに捉え直して、絵にすることが好きになったのは、休みになると車好きの父の運転で、ボストンやフィラデルフィアなど、いつもどこかに家族旅行をしては、必ずその街の美術館に連れて行ってもらっていたことも大きいように思います。幼い頃から本物の芸術作品を経験してドキドキしていました。それが誰の作品で、いつの時代のものかなどの情報は子供にとっては一切関係ありません。美術館の展示室に漂うあの非日常的で、どこか荘厳《そうごん》な空気が単純に好きでした。立派な建物の中に、美しい絵画や彫刻が飾られていることへの純粋な憧《あこ》れが芽生えました。

ただ単に赤とオレンジの二色の絵の具を塗っているだけのように見えるのに、独特な奥行きを感じて強く引き込まれたあの絵画がマーク・ロスコだったり、キャンベルスープを並べたポスターのようなあれがアンディ・ウォーホルだったり、絵の具をポタポタ垂らしているだけなのに不思議な模様がたくさん見えて楽しかったのがジャクソン・ポロックだったり、アメリカの国旗を独特なタッチで描いたのがジャスパー・ジョーンズだったりしたのは、ずいぶんあと（高校生くらい）になってから知りました。自分の描いた絵も、いつの日か、この人たちのように、あの白くて大きな壁のある素敵な美術館に飾ってもらいたい、と夢見るようになるのには、それほど時間がかかりませんでした。

家中に母のつくったセンスの良いキルトのテーブルクロスやクッションがあったので、自分だって「作品」をつくりたいと自然に欲するようになっていました。鉛筆を持った自分の手の動きが、何もなかった白い紙の上で線となっていく瞬間に、いつもわくわくしながら心躍らされました。見た通りに線が描けるようになってくる喜びを味わうと、お絵描きが楽しくて仕方ありません。何かもう一つの世界を紙の上に自分でつくり出している感覚がたまらなかったのです。

学校に行くようになると、その実力を発揮できるのは、もちろん図工の時間でした。給食の時間から午後の図工の時間が楽しみで、落ち着きなく、いつもソワソワしていたほどです。自信の表れなのか、小学生の頃から堂々と自分の絵が完成すると「サイン」を入れていたのも、今となんら変わりません。

　その頃になると、自分の描いた絵を褒めてくれるのは、両親から小学校の先生に替わっていました。周りの大人に褒められることは、いつだって大きな自信となりました。褒められるということは、自分の存在が認められるということ。人は褒められると自分で自分の未来に対して期待することができるようになります。自分が次にどんな絵を描けるのか、自分で楽しみになることができるというのは、すごく幸せなことです。その期待の先にあるのが、自分の可能性を信じることです。

　僕にとって「自分は絵が得意である」という感覚を、物心ついた頃からずっと持ち続けられたことが、強い支えとなりました。自分は絵が上手《うま》いということを一切疑うことなく、ある種の勘違いも含めて、今に至るまで、ずっとそう信じ続けられたことが大きかった。

将来について考える

　高校生になるとそんな家族と離れて寮に入りました。十五歳にしてはじめての一人暮らし。早稲田《わせだ》大学の付属高校だったので、なんといっても大学受験をしないでエスカレーター方式で早稲田大学に入ることができるのが魅力でした。当時は、スマートフォンはおろか、携帯電話もまだ普及しておらず、ポケベル（ポケットベル）という小さな器械を持って、カタカナなどの文字情報を公衆電話（これもなくなりつつある）から打ち込むことでメッセージのやり取りをしていたような時代です。

スポンジのように外の世界を吸収できた高校の三年間は、自由に過ごす時間がたっぷりありました。誰かに評価されることを逃れて、いろんな新しいことに挑戦できました。高校生という、まだまだ自我や人格の不透明なこの時期に、外の豊穣《ほうじょう》な世界の多様性に少しでも触れることができたのは、とても幸運なこと。遠くへ飛び出すことを恐れずに、ほんの少しの勇気をもって何事にも挑戦できたことの意味は、計り知れません。

授業以外の放課後における部活動も、バスケ部でありながら、練習のないときは美術部として陶芸や銅版画をやり、写真部に入ってフィルムの現像などもやらせてもらいました。毎週必ず一本は映画をビデオレンタルショップから借りて見ていたのもこの頃です。気になった映画があると、その映画監督がつくった映画を制覇したくて、その監督の処女作から遡《さかのぼ》ってとにかく映画ばかり見るようになっていました。小《お》津《づ》安二《やすじ》郎《ろう》に、ヴィム・ヴェンダース、ペドロ・アルモドバル、ラース・フォン・トリアー、王家衛《ウォン・カー・ウァイ》などです。

学祭のときなんかは、英語の発音が良かったという理由だけで、英国パンクのグリーンデイのコピーバンドのヴォーカルをやったりもしながら高校生活を謳歌《おうか》していると、ひとつの切実な問いが湧《わ》いてきました。

自分は、将来なにになりたいのか？

いまの自分がこのまま大学生になり、卒業したら社会人として「働いている」というわずか数年後の自分の姿が、まったく想像できませんでした。いくら頭で考えても、そもそも世界にどのような仕事が存在しているかもろくに知らないことに唖然《あぜん》としました。

例えば英語をいかして、外交官はどうだろうか？　どうしたら外交官になれるのか？　消防士は毎日なにをやっているのだろうか？　ニュースキャスターはどのくらいのお給料がもらえるのだろうか？　いくらくらいお金があれば幸せな生活ができるのか……。わからないことばかりです。

僕にとってお金はあまり重要ではなかった気がします。それよりも、どうすれば人に喜ばれる仕事、人に認められる仕事を成し遂げたら、光嶋裕介という人間が生きていたのだという立派な痕跡を後世に遺《のこ》せるのか、という壮大なことばかり高校生のときは、考えていたように思います。自我の塊だったのは、村上春樹とジョン・レノンによるところが大きい。

なにも自慢できることではありませんが、僕は高校まで一冊も（マンガを除いて）本を読まないで育ちました。活字だらけの本を読む集中力がなく、いつも外で野球かバスケなどのスポーツをして日が暮れるまで遊んでいました。もともとは自分が帰国子女であり、漢字が苦手という「壁」を自分の中に勝手につくってしまい、本を読むのが嫌だった。とにかく億劫《おっくう》に感じていました。

高一の現国の授業中に、読んでおくようにと言われた教科書も、クラスメイトより圧倒的に読むスピードが遅かったため、授業後に先生に思い切って相談してみました。

すると、「お前は本を読むのか？」と聞かれて、「いいえ、読んだことありません」と正直に答えたら、呆《あき》れられてしまい、「早稲田の先輩には三田誠広《みたまさひろ》と村上春樹という優れた小説家がいるから、とにかく、この二人から読んでみなさい」とアドバイスされました。『僕って何』（河出書房新社、一九七七）と『ノルウェイの森』（講談社、一九八七）を紹介されましたが、『僕って何』はダメでした。けれども、『ノルウェイの森』は、ものすごく面白くて、一気に読み切ったのです。そんなのはじめての体験でした。

読書を通して、もうひとつの人生を疑似体験しているようで、とにかく楽しかった。自分が小説の中の主人公になり、一緒に悩んだり、怒ったり、笑ったりして、成長しているような気がしたのです。それまでマンガしかなかった本棚に、光沢のある赤と緑の村上春樹の本がはじめて並びました。

やばい、これほどいろんなことを教えてくれる豊潤な本の世界を今まで全く知らないで育ってきたなんて、人生すごく損している！　と思うようになり、とにかく本を貪《むさぼ》るように読み漁《あさ》りました。それから二十年以上経《た》った今でも、読書に対する「周回遅れ感」はずっと続いており、このコンプレックスがあるおかげで、つねに本が読みたいと思い続けているのかもしれません。

同じ映画監督の映画をひたすら見るように、まずは村上春樹を徹底的に読みました。どの作品も、まるで自分が別世界の主人公になったかのように強く引き込まれました。特にパラレルワールドが展開する『世界の終りとハードボイルド・ワンダーランド』（新潮社、一九八五）には、衝撃を受けました。世界に対する新しい視点や、内的感情がこうも見事に言語化できるのか、ページをめくるのを惜しむように読み進めました。言葉を読みながら、まるで自分の物語であるかのように、はっきりとした世界観がイメージできたことに驚きを覚えました。創造的な読書というものをはじめて体感したのです。

いくらでも思いつくのですが、例えば、写真家であり探検家の星野道夫《ほしのみちお》による『旅をする木』（文藝春秋、一九九五）を読んでいて、行ったこともないのにアラスカの大自然が生き生きと目の前に広がるような体験も深く印象に残っています。

あるいは、須賀敦子《すがあつこ》の書いた『ミラノ　霧の風景』（白水社、一九九〇）などの美しい随筆を読んで、イタリアに対する情景にグンと奥行きが与えられたことも、心躍る感動的な読書体験となりました。

哲学者和辻哲郎《わつじてつろう》の『風土』（岩波文庫、一九七九）も、何度も繰り返し読んでいました。大地の上に立つ建築が、その場所の風土とどのようにして幸福な関係をつくり出せるのか。自然環境が人間の文化や文明に影響することについて、深く考えさせられました。

それからというもの、ジャンルを問わず、好奇心の赴くままに本を読み漁りました。良著は、次なる良著への扉を開いてくれるもの。買ったのに難しくて読み通すことができなかった本でも、ちゃんと本棚に置いておくようにしました。挫折したことでむしろ、「いつか読めるようになりたい本」が自分の本棚にあるだけで、十分に意味があることを後になって知りました。

そして、自分の将来について考えているときに、村上春樹の書いた本が僕の心を捉えたのと同じようにして、これからも無数の読者を獲得し続けられることが、純粋にすごいと思いました。一冊の本は人の人生を変えることができるのです。
また、ジョン・レノンなんて既に亡くなっているのに、音楽を通して今でも人を感動させ続けていることに驚嘆しました。黒い高峰《たかみね》のアコースティックギターを購入し、コードの練習をしていて、やっと難しいFのコードが押さえられるようになっていた高校生の僕は、毎日ビートルズのCDを聴いて必死に練習していました。ジョン・レノンに心底憧れていました（マッシュルームカットの髪型も真似《まね》していた）。時空を超えて人とつながることのできる音楽家、ジョン・レノンが遺《のこ》した偉大な功績が、ただただ羨ましかった。

じゃあ俺なら、何ができるのか？

と考えた時に、画家になろうと思ったのです。
物心ついた頃から、俺は絵を描くのが好きだったし、いつも褒められていたから。幼い頃からよく連れて行ってもらった美術館の大きな白い壁に、自分の絵が並べられているのを真っ先に想像していました。自分の得意なことを職業にしたい。

まずは僕の担任であり、美術を指導してくれていた坊主頭でちょっぴり強面《こわもて》の吉田先生のもとに話しに行きました。すると、「本当に画家を目指すなら早稲田大学への推薦を蹴《け》って、芸大に行った方がいいぞ」と。さらに「芸大を受験するなら、美大生のための専門学校に行ってみてはどうか」、とアドバイスされました。僕は、お手並み拝見とばかりに意気揚々と高崎の駅前にある専門学校に夜間の部で通い始めたのです。

そしたら当たり前ですが、みんな絵が死ぬほど上手くて、すっかり打ちのめされました。何を描いても先生にめちゃくちゃ注意されてしまう僕は、それほど絵が上手くないのかもしれないと、はじめて思うようになっていました。

大きな木炭紙にはじめて描いた《パジャント》の石膏《せっこう》像も、構図はこのようにしなさいとか、鼻の影はこういう風に付けなさいとか、いちいち教えられることが、ホトホト嫌になりました。好きなように、感じるように、描いていたことがきっぱり否定されたのです。辺りを見回すと、みんな上手いけれども、どこか似たような絵を描いていることに、ふと気が付きました。

生意気にも僕には彼らの絵が、まったく自分の心が通った線になっていないように見えました。どこか機械的に見えたのです。上手なのに、心動かされなかった。ついには、絵画に模範解答などあるはずがないと思うようになり、今までとにかく好きで描いていた絵が好きじゃなくなるまでになっていました。画家になろうという思いは、わずか三ヶ月の苦いダブルスクールと共にこうして、あっけなく挫折したのです。

放課後に美術室で、また吉田先生と話していたときのこと。

自身も油絵を描き続ける美術教師である先生が、ピカソやクレーのように画家として歴史に名を残す大作家になるのは至難の業だ、といきなり現実的な話をされたあと、「そもそも芸術の頂点には、建築がある」という話をされました。

高校時代に専門学校で描いた《パジャント》の石膏デッサン

「絵とか彫刻は人を感動させることはあっても、人の命を守ることはできない。しかし、建築は衣食住に関わりながら人間になくてはならない存在で、そこに芸術を重ね合わせれば、最高峰の芸術が生まれるのだ。

光嶋は、建築家になってみたらどうだ？」と言われたときに、ハッとしました。

まだ建築の「け」の字も知りませんでしたが、はじめて建築家になりたいと思った瞬間でした。未知なる「建築家」という職業が、単語としてもどこか魅惑的な響きに聞こえたことも、鮮明に覚えています。漠然とではありますが、壮大な夢を見始めた瞬間でした。

2　建築を見に旅へ

建築学科に入学すると、建築を必死に勉強しましたが、建築家になりたいという夢を育《はぐく》んだのは、旅をしているときだったように思います。毎週毎週先生たちは、魅力的な建築のスライドを使って講義してくれますが、全然わからないのです、建築のことが。歴史書なども難しい言葉が羅列されていて、さっぱり理解できませんでした。まだ建築のことを考える「地図」を待ち合わせていなかったのです。

それよりも、この目で広い世界を実際に見てみたい。三次元の空間は、いくら二次元の写真で見せられても、あるいは、言葉で語られても、建築の本質は、体験しなければわからない。そのためには、文化や風土の異なる世界中の建築を、バックパックひとつで巡ってみたい、という思いが一年生の頃から芽生えはじめ徐々に強くなっていったのです。

新宿東口の駅前の雑居ビルの地下にあるイタリアンレストランでバイトしながら、旅の資金を貯めて、世界に飛び出しました。皿洗いから始まって、簡単なピザを焼いたり、まかないとして、ポルチーニ茸の入ったパスタなどをつくったりしながら、目安として一日一万円が必要な五週間の旅の軍資金を必死につくりました。まだ見ぬ建築の旅へと思いを馳《は》せながら。

世界中の街を一人旅（バックパッカー）していく中で、素晴らしい建築を生身で体験し、どこか救われる思いがしました。つまり、旅を通して、世界の建築に体当たりすることで、たしかな実感として、建築がどこか身近なものとして、感じられるようになりました。何かが頭でわかったわけではなく、どこか揺さぶられたからです。名建築の圧倒的な空間に身を置くと、「ドキドキ」して、心がざわつきました。これほど広い世界の中で、その場所でしかありえない、その時代だからこそ可能な、唯一無二《ゆいいつむに》の建築に出会えたことが、なにより嬉《うれ》しかった。

ピーター・ズントーが設計したスイスの山奥にある温泉施設では、淡く輝くブルーのトップライトの神秘性に、ル・コルビュジエの設計した《ラ・トゥーレット修道院》では、幾何学的な造形のコンクリートがみせる多様な表情に、アルヴァ・アアルトの設計した住宅では、人間の生活がフィンランドの豊かな自然とこれほどまで有機的に調和していることに、そして、ガウディの《サグラダ・ファミリア》では「こんなことまで建築はできるのか」と、まのあたりにした建築に、ただただ言葉を失いました。

名建築というものは、控えめでありながら、厳然とそこに建っています。その圧倒的な空間に足を踏み入れた瞬間に身体中の細胞がパッと目覚めるような興奮を与えてくれることを、身をもって体験しました。言語化するのも難しく、それは瞬時に体感する説明不能な身体的シグナル。ちょっと時間を忘れるというか、深い静寂に包まれる瞬間があるのです。

カタンコトンと列車に揺られながら、果てしなく続いていくような地平線を見て、広い世界を旅していると、驚くほど多様な風景に出会います。そして、その素晴らしい建築と共にいつも「生き生きした人」がそこにいることに気が付くようになりました。人に愛されてこそ建築の魅力は鮮度を失わずに保たれるのです。そうした空間には、必ず心地よい時間がゆっくり流れていました。こんな建築を自分もいつか設計してみたい。建築家になりたいという思いは、旅の中でたしかな目標として、マグマのようにどんどん熱くなっていくばかりでした。

将来この建築家の下《もと》で働きたいと思ったピーター・ズントーの圧倒的な名建築《ヴァルスの温泉施設》(1996)

丘からせり出した聖なる箱舟のようなコルビュジエの荒々しいコンクリート空間《ラ・トゥーレット修道院》(1960) のスケッチ

スケッチと自分の線の獲得

旅に欠かせないのがスケッチです。

好きなはずの絵を専門学校で教わることで嫌になった高校時代の経験から、旅のスケッチに関しては最初から徹底的に我流で磨こうと決めていました。

A4サイズの黒いスケッチブックを片手に、お気に入りの細い製図用のペンを持って、本格的に一人旅をするようになった大学二年生のときから、旅に出ると毎日必ずスケッチを描くようになりました。もう二十年近い習慣です。

そのときからずっと大切にしていることが、自分で思うままに描くというシンプルなこと。目の前の風景と対話しながら、見えているものや、感じたことを丁寧に紙に描き込む。目の前の空間に対して、あのなんとも言いようのない高揚感をたしかめながら、スケッチとして描き込んでいくのです。

好きなことを楽しみながらやって、時間を忘れて没頭していると、無上の喜びを感じます。そうやって、少しずつスケッチが上手くなってくると、ずっと継続していくことの大切さが身に染みてくるものです。夢中になって好きなことだけをやり続けていく。すると、勝手に努力してしまっている……そんなサイクルに入ります。これこそが、上達するコツでしょう。

その上で、自分の線を獲得するためには、自分だけの目がないと描けません。心の目でものを見る、と言い換えてもいいでしょう。ものを見る能力の方が、描く能力よりも大事だと思うのです。観察力の方が、ペン先の技術よりも育むのに時間がかかるように思います。

批評家の小林秀雄は、「美を求める心」という名文の中でこう述べています。

> 諸君は試みに黙ってライターの形を眺めてみるといい。一分間にどれ程沢山なものが眼に見えて来るかに驚くでしょう。そしてライターの形だけを黙って眺める一分間がどれ程長いものかにおどろくでしょう。
>
> （『小林秀雄全作品集21』、新潮社、二〇〇四）

線をどれだけ綺麗に描けるかというのは、修練の問題です。何度も練習していると自ずと上手くなっていくもの。しかし、透明な心で対象を見て、風景からの声なき声に耳を澄ませることは、決して容易ではありません。これは深い集中力を要するもので、敬意をもって風景を見ながら、考え続けなければならないからです。それだけの時間が必要になってきます。

創造的に見るということは、「頭を空っぽ」にして、対象の中に溶け込んでいくことなのです。

いま目にしている景色の意味するもの、歴史的な背景、光の当たり方や影のグラデーションなどを目で見ながら、身体全体で感じることは、世界にどっぷりひたることであり、風景とのつかの間の一体感を味わうことを意味します。じっくりと時間をかけて、心で対象を深く見る。目前に広がる風景を創造的に見ることが、魅力的なスケッチを描く肝だと思うに至りました。

スケッチに閉じ込められるもの

建築を見ているとたくさんの疑問が浮かんできます。

街の風景の中の、ひとつの家でもそうです。

あそこの屋根はなぜあの形や素材になったのか、窓はどうしてあそこに付いているのか、という風に建物と交わす対話こそが、自分の洞察力や美的センスを磨いてくれます。

スケッチしながら、僕はその建築を設計した建築家に心の中でたくさんの質問をします。そうしていると、スケッチすることでうっすらと自分なりの風景が立ち上がり、正解なき問いに思いを巡らせる至福の時間があらわれます。風景と対話することで、目の前の風景と心を通わせるのです。

写実的に見た通りに描く必要がないというのは、そのためです。なにも適当に描けと言っているわけではありません。緻密に見えるものをそのまま描くことも、それはそれで大事なトレー

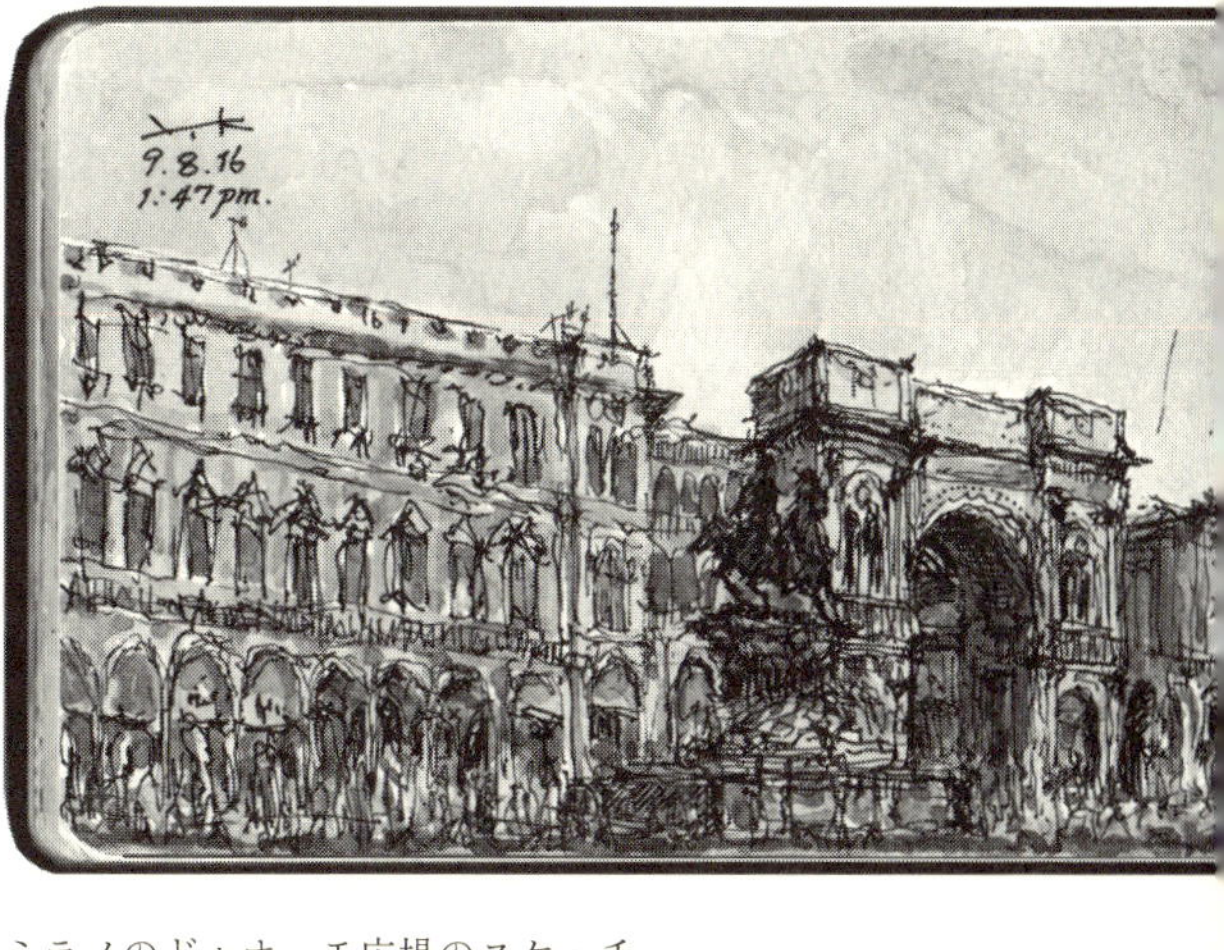

ミラノのドゥオーモ広場のスケッチ

ニングですが、自分なりの描き方を習得することの方がよほど重要だと思っています。

　事実、写真だとシャッターを切る一瞬の正確な映像を風景から切り取ることができますが、スケッチは時間をかけて、たとえ写真より不正確であったとしても、自分なりの解釈が含まれた映像がちゃんと紙に残るのです。写真が映像の転写をするのに対して、スケッチは、認知された目の前の世界を固有なものとして描き出すからです。先に小林がライターを一分間見ることでいろんな声が聞こえてくることを教えてくれたように、建築もまた注意深い眼差しをもった者に対しては多弁です。

　だから今でも旅に出ると、僕は必ずスケッチをします。むしろスケッチしないと旅をした実感が湧かないくらいに、スケッチは僕の旅にとって不可欠なものになっています。旅先で風景と対峙《たいじ》しながらあれこれ思考を巡らせる上で、スケッチするという身体性がないとうまくいきません。逆に、毎日スケッチさえしていれば、僕の旅は調和に包まれるのです。やはり記録としてのスケッチが記憶にちゃんと定着するためには、そこにいて、風景を見ながら対話していた「時間」が多層的にスケッチの中に閉じ込められなければならないのでしょう。

　記憶に定着するスケッチというものは、描かれたスケッチの中に「私はいまここでこの建築を見て、こんな風に感じた」という心のざわつきが、高い鮮度のまま将来の自分へのメッセージとしてきちんと埋め込まれています。少し未来の自分が、このスケッチを見て「あの時間」を思い出しながら、今の自分がそれをどのように感じるか、思考の上書きが行われていく。自分が変化し続けていること、過去の自分から少しでも成長していることをたしかめるための痕跡が、タイムカプセルのようにスケッチブックの中に一枚一枚残されていく。

そうしてたくさんの建築を見て、たくさんのスケッチを重ね、自分の中に良質なストックをつくらないことには、きっと自分の線が描けるようにはなりません。これだけ見たからオッケーという合格ラインみたいなものは、存在しない。現状に満足しないで、その建築が何を発信しているのかに対する飽くなき探究心が必要でしょう。これはやはり、既にスケッチを描くことがどうしようもなく好きになっていれば、意識するまでもなく、ごく自然にできてしまっているはずです。

3　建築家としての「書く」営み

書くことで輪郭を与える

絵を描くのと同時に、常日頃から文章を書くことも僕の仕事において大切な場所を占めています。スケッチをすることと同様に、自分ひとりで行う孤独な営みですが、絵を描くのが右脳的作業で、論理的思考を構築する文章を書く行為は、言葉が主役になるので左脳を使います。建築家として働く上で右脳の「描く」と左脳の「書く」は、どちらも欠かすことのできない大切な営みであり、僕の中で互いに補完し合っています。

書くことは、すべてが「手紙」だと思っています。誰にどのようなメッセージを伝えたいかを言葉として組み立てて文章を紡ぎ出すからです。文章を書く上で、宛先があることの重要性を感じるようになったのは、大学院を卒業してドイツで働くようになってから日記を毎日書くようになったためかもしれません。近所のお気に入りの文具屋で買ったワインレッドのハードカバーのノートに、モンブランの万年筆で（これは、大学時代の師である石山《いしやま》修武《おさむ》さんが太いモンブランの万年筆で、ブルーブラックのインクを使って、原稿用紙に書いていたのを真似しました）毎晩書いていました。

高校生まで一冊の本も読んでいなかった僕は、絵を描くのと違って、文章を書くことは、決して得意ではありませんでした。学校で作文を人に褒められた記憶など、一切ありません。夏休みの宿題で、読書感想文は、いつも最後の最後にやっていました。

しかし、今までは父親の転勤が理由でアメリカやカナダ、イギリスと海外に住んできましたが、ドイツに住むようになったのは、はじめて自分から能動的に「ヨーロッパで働いてみたい」と思ったからでした。そんなベルリン生活が人生にとってかけがえのない特別な時間になるという予感があったからこそ、自分の内なる声をちゃんと書き留めようと考えたのです。忘れたくなくて毎日寝る前に、心の声に耳を傾けて、自然と湧き上がる言葉を記録していきました。ベルリンでの日常と雑多な感想です。どこか日常生活の中に旅する感覚を保ちたかったのかもしれません。先のスケッチと同様に、日記もまた少し先の自分に語りかけるように書いていました。

書くことに先行して、読むことが習慣化していたために、文章を書くようになってから、読書が少しずつ変化したのを今でもよく憶《おぼ》えています。いろんな本を読むことで、自分の知的関心が強く、深くなっていく。自分が考えていた言葉にならない思いを、著者が代弁してくれているように感じたことが何度もありました。いま自分が読まなくてはならない本を直感的に嗅《か》ぎ分けられるようになっていったようにも思います。本と以心伝心するのです。

自分の中の「わからなさ」を少しでも晴れさせたいがために、本を読むようになり、自分でも文章が書きたくなった。文章を書くようになると、もっと本が読みたくなる。

読むことと、書くことのサイクルが、次の好奇心や向上心を育み、「考える」ということが少しずつ楽しくなってきます。スケッチを「描くこと」も、本を「読むこと」や文章を「書くこと」も楽しくなるには、それなりの時間と訓練が必要ということです。

写真家の森山大道《もりやまだいどう》は、写真が上手になるには、たくさん撮ることであり、たくさん撮れるのは上手くなっているからだと、エッセイの中で述べています。質は量からしか生み出されず、圧倒的な量を可能にするのもまた質ということは、インプットとアウトプットの理想的な関係なのかもしれません。そうした鍛錬を重ねることで、今まで見えなかった世界の豊かさを知ると、なんだか幸せな気持ちになります。

書くことも習慣化すると、何かに書か
、され
、て
、い
、る
、ような気にさえなることがあるのです。つまり、意識して考えながら書き始めても、どこかでスイッチが入ってライティング・ハイのような「ゾーン」に突入することが稀《まれ》にあります。

アメリカのベストセラー作家のスティーヴン・キングが、独特な喩《たと》えをつかって小説作法を教えてくれているので、少し長いですがここに引用します。

ミューズは書斎へ舞いこんで、タイプライターやコンピューターに魔法の粉をかけてくれない。彼は地の神であり、地下室の住人である。こっちから地階に降りていくしかない。そこに着いたら、彼のために部屋の模様替えをしなければならない。つまり、彼が何もせずに椅子にふんぞりかえって、葉巻をくゆらせたり、ボウリング大会のトロフィーを眺めたりしているときに、あなたはあくせくとたち働かなければならないということだ。フェアじゃないと思われるかもしれない。でも、そんなことはない。

見てくれも愛想も悪いが、彼にはインスピレーションがある。あなたは血のにじむような努力をし、研鑽《けんさん》を積むことを求められている。葉巻をくゆらせている男は、小さな翼と魔法のバッグを持っている。バッグのなかには、あなたの人生を変えるものが入っている。

嘘《うそ》ではない。私は知っている。

（『書くことについて』小学館文庫、二〇一三）

圧倒的な集中力で執筆に没頭していると、地下室に潜ることができ、インスピレーションをもったミューズとの幸運な出会いがあるというのです。すると自動的に指がキーを叩《たた》いているような感覚になる。それはきっと、今まで自分が読んできた言葉の発信者たち、あるいは、死者たちの声を代弁している感覚に近いのかもしれません。意識的にも、無意識的にも、影響を受けた先人たちの言葉に誘《いざな》われるようにして、自分というフィルターを介した新しい言葉が誕生します。

そのようなときは、得てして自分が何を書こうとしているのか、最初は「わからない」ものです。文章に限らず、スケッチやドローイングを描いているときも、本当に集中して何かを手探りで書（描）いているときは、全体像や目的地が、はっきりとはわからない状態から出発します。鮮度の高い何か得体のしれないものに触れながら、事後的に「わかる」という感覚がつかの間だけでも得られるのだと思います。そして、またわからなくなるというループ。このわからない状態から何かがわかるということそのものが創造なのではないでしょうか。自分の中でわかるということは、それを自分の中につくり出すことでもあるのです。だから、本当に面白い文章や絵というのは、はじめに企画書や完成予想図などありません。予測不能な、どうなるかわからないところから、ついには書（描）かざるを得ない状態になり、ウズウズしながらも筆を進めることができるようになるのだと思います。

自分の中にあったが気付いていなかったものや、埋もれていたものに輪郭を与える作業を通して、やりながら発見する喜びがいつも伴っています。書くことではじめて知る思いがあり、描くことではじめて見える風景がある。やってみなければわからないことの連続が、なにより面白いのです。

対話では語りたい内容が大切

文章を書くのと同じく、人と会話する言葉もまた重要なコミュニケーションです。海外で生まれ育った僕にとって、英語が話せることは生活の中で自然に身に付いたことであったとはいえ、旅を通して建築の魅力を学んでいく上で、語学力は極めて重要なことであると気付かされました。旅をしながら、そこで出逢《であ》った人と体験を共有し、建築について語り合えたことがとても大きかったからです。英語という共通言語があることに、何度も助けられました。

ウィーンの街でエゴン・シーレの絵画についてお話しした高校の先生や、グラナダの裏道を教えてくれた画学生、スンヴィッツの駅からスイスの山道を案内してくれた老夫婦、僕にとっての建築体験はいつだって、そこで過ごした地元の人たちとの時間と共にあります。旅先で巡りあった人たちとの対話が記憶に深く刻まれているからです。魅力ある建築には、必ず生き生きした人間がいることに気付いたのも、こうしたリアルな交流を介してでした。

ヨーロッパの若者は、みんな母国語と共に英語ができました。アルファベットが一緒であっても、語源はラテン語だったり、ゲルマン語だったりして、それぞれです。フランス人には独特なフランス訛《なま》りのイングリッシュがあり、イタリア人には単語の羅列だけでも英語を話してくれました。この「言葉が通じる」ということで旅に圧倒的な奥行きが生まれ、自分だけの特別な旅になっていったように感じました。言葉が通じる喜びは、何にも代えがたいもの。それは、英語ができることで、必要な情報にアクセスできたという実感よりも、人と何かを共感できた喜びにほかなりません。別の言い方をすると、それは旅の過程でうまれた生きた対話によって「世界中に友達ができていく」感覚です。これこそ、かけがえのないこと。

バックパッカーとして旅をしていた九〇年代後半は、ちょうどEメールやFacebookが普及しはじめたタイミングと重なっていました。綺麗な発音で、正しい英語を話すことがコミュニケーションにとって最も大切であるかのように、わたしたちは学校で教わりました。しかし、世界中を旅しながらいろんな人と話してみると、僕の実感として最も大事なことは、英単語の量や文法の正確さなどではありませんでした。ましてや、発音の良し悪しでもありません。

むしろ建築について語りたい、あなたのことが知りたい、この街のおすすめスポットを教えてもらいたい、旅先の文化に全身でダイブしたい、という本気で切実な思いが対話の醍醐《だいご》味《み》だったように思います。旅を通して僕は対話の作法を教えられました。それは、共感の種をたくさん持っておくことです。

会話する能力そのものよりも、伝えたい何かがあることの方が、よほど重要なのです。ジェスチャーも含めて、人は言語を超えてコミュニケーションを成立させていることを、遠い外国で存分に味わいました。だから、語学の勉強をノウハウ本でするのもいいですが、それよりも、自分の好きな映画や文学、音楽について自分の意見をきちんと英語で話せるように訓練しておくのが、とても有効だと思います。

こうした現地の人たちとの交流を介して収集した生身の情報は、『地球の歩き方』のそれとはまったく異質なものになります。基本的に僕は、ガイドブックの類《たぐい》を旅に持っていきません。事前に調べることは最低限にしておく。必要な情報は、自らの嗅覚と出会いで手に入れてこそ、旅は学びにあふれたものとなり、後に残っていくと思っているからです。

このように思うに至ったのは、自分自身の中に語るべき物語がないと感じたり、あるいはそのテーマに関してじっくり考えたことがなかったりして、言葉に詰まった経験からです。日本を離れてはじめて日本のことを深く考えるようになるのは、むろん、海外で知り合う人にたくさんの質問をされるからです。

日本の寺や神社について、禅の考え方や、日本語における平仮名とカタカナ、漢字の成り立ちについてなど、文化的にも多くの質問を浴びることになります。そのときに、自分の中にちゃんとした知識や語るべき意見がないと答えられません。そのことが恥ずかしくて、旅から帰国後に改めて学び直したりもしました。それで、自分の関心の幅が少しずつ広がりました。今まで読まなかった類の本を読んでみたりするのも、旅のひとつの宿題のような気がします。

当然、語学力についても、自分が曖昧な返答や拙《つたな》い表現しかできていなくて、細かいニュアンスが上手に伝えられなかった苦い経験をしたからこそ、しっかりと語彙を増やしたり、もっと正確な文法を勉強したりもしましたが、それよりも、話す内容の方がはるかにコミュニケーションにとって大切であることを生身の体験を通して思い知ったのです。

4　先生について

思えば小学生の頃からずっと僕は、先生運が良かった。というより、僕はいつだって、自分の人生の指南役としての「先生」を強く欲していたのだと思います。だから担任の先生に恵まれていましたし、先に述べた高校のときの吉田先生のように、人生のターニングポイントでは必ず示唆に富んだ助言をいろんな先生たちから頂くことができたことに深く感謝しています。そうしたアドバイスが自分の骨身となって沁《し》みてくるのは、いつだってずいぶんと時間が経ってからのように思います。そうした言葉を自分のものにするための熟成期間のようなものが必要なのです。

先生と弟子という関係性の中で構築されるものについても、はじめから明確に見えている柱と、なかなか見えてこない柱の二種類があることが少しずつわかってきたのは、大学に入ってからでした。多層的な学びの構造と言ってもいいと思います。

弟子が先生に何かを言われ、その真意を明確に理解するのは、かなりの時間が経ってからということが、しばしばあります。自分なりの理解の仕方をみつけなければならないからです。あるいは、知識としての言葉を、心の通った思想として身体化するまでには、それなりの経験など、時間が必要なことを僕自身の経験上、学びました。

師の言葉や師の背中を間近で見てきた弟子は、多くのことを知覚し、学んでいきます。その学びが成立するためには弟子自身が主体的な態度で臨み、先生へ敬意を払うことがなにより大前提としてあります。その主体性が変化していくプロセスにこそ、何かを「わかった」という理解する実感という祝福が現れます。

師には、いつも自分の知らない新しい扉を開いてもらっており、それは、真っ白い紙を差し出される感覚に似ています。今いる環境を逸脱するきっかけを与えられるということです。そしてわかるという行為は、自分の地図に自分なりの線（解釈）を描き込むことであり、それこそが学びが創造であることの証《あかし》と言えるのではないでしょうか。

出会った瞬間には見えていなかった柱が、時間と共に構築されていく場合、ほとんどは、時間の経過と共に弟子自身が成長していきます。師の言葉の大事な骨格が今までとは違った柱としてどっしりと見えてくる感覚が芽生えてくるからです。山の頂《いただき》を目指して登っていると、突然視界が開けて少し前まで見えていた風景とガラッと変わることがあります。

それまでは結びつけることができなかった点と点でも、豊かな想像力があれば、それぞれの理解はゆっくり深まると最近になって強く思うようになりました。先生から受け取ったものが、自らの経験や思考を重ね、想像力によって肉付けしていくことでより深く理解できると、ときどき幸福な飛躍が起こります。わかることで自分の地図が生成される瞬間に立ち会うからです。この信じられないブレイクスルーが訪れるからこそ、また次に進む力が生まれるのです。

成長のきっかけは「ご縁」

自分自身を理解していくプロセスにおいて、変化のきっかけを与えてくれるのはいつも人とのご縁です。自分を挑発し、変化、成長させてくれるのは、いつだって他人なのです。誰とどこで、どのようにして出会うのか。

その一期《いちご》一会《いちえ》のご縁をどのようにして感知し、つかみ取るかを人に説明するのはすごく難しいことです。何かの法則や、明確な因果関係などないように思えるからです。人生には偶然のような必然が多くあるとしか言いようがありません。人と人のご縁というものは、予《あらかじ》め計画することができません。むろん、ただボケーっと待っていても出会うことはありません。

しかし、準備期間として待つことはとても大切なことでしょう。機が熟すのを待つことで、積極的にアクション（行動）を起こすことができるのだと、僕は思っています。

では、がむしゃらに能動的であればいいかというと、きっとそうではありません。そのアクションが「独りよがり」になってはならないのです。人と結びつくということは、当たり前ですが、相手があってのこと。

中国に由来する「人事を尽くして天命を待つ」という言葉があります。自分でできる範囲のことを精一杯やったら、あとは天命を待つことで、ときに運としか言いようのないことが起きたとしても、それを受け入れる心構えができていることが重要だと思うのです。言うなれば、アンコントローラブル（制御不能）な天命を待つためには、せめて自分の中でコントロール可能なことは、できる限りやっておこうということ。それは、エンドレスな努力しかない、ということでもあります。

目の前の現実に満足しないで、より豊かな天命とのご縁のために、日々自分の中の人事を尽くす、そうした積み重ねは、果てしなく続きます。何かができるようになるための準備を怠《おこた》らないということです。

その準備のための実りある対話を目指すには、やはりタイミング（時間）とシチュエーション（場所）が鍵《かぎ》となってくるのではないでしょうか。自分の行動力に対して、自分のセンサーが反応したとき（いわゆる、「ビビビ」ですね）に、ふと我にかえって考えて、少し間を取ることだと思うのです。ゆとりを持つこと、それは、心の声を聞くための時間と言えるのかもしれません。物事には偶然と必然があると先にも書きましたが、誠意をもって他人と接していると、ご縁は「向こうからやってくる」と思うに至りました。

奇妙に聞こえるかもしれませんが、僕にとってのご縁とは、本当にそういうものなのです。理屈を超えています。運もとても大切な要素でしょう。ただ、自分なりの人事を尽くすことの先にある運だと思います。その運が良くなる方法はありません（あったら、僕も知りたい）。ただ、運が良さそうな人と一緒にいるのが一番いいように思います。そうした嗅覚が備わってくると、これぞというタイミングを逃さず、必ずしかるべき機会がくると信じて、備えつつ、じっと待つことができるようになります。

そして、大抵の場合、そのタイミングとは「いま」なのです。

大学での出会い

僕の建築家の師である、石山修武先生との出会いも突然やってきました。大学に入学したばかりのオリエンテーションでのこと。宇多田ヒカルという十五歳の歌姫が彗星のごとく登場し、まさに一斉を風靡《ふうび》していた一九九八年。

僕らは冷たいコンクリートでできた早稲田大学理工学部の56号館の広い教室に集まっていました。ずらりと整列した建築学科の教授陣が壇上に上がり、それぞれ短い挨拶をしました。

歴史の先生は建築史の大切さを説き、構造の先生は地震国である日本にとって構造の重要性を語っていたように思います。そして、建築学科の花形である設計の先生たちの番になりました。それぞれ建築家でもある先生方がどのような話をされるのか、食い入るように最前列から見ていました。

トップバッターの入江正之先生は、ガウディ建築について熱弁し、続いて古谷誠章先生は「空間とは何か?」ということを「この教室が空気ではなく、仮にここが大きな温泉だと思ったらみなさん、どのように感じますか？　少し親密な関係になってくると思えてきますよね」といったウィットに富んだ話をされました。

その次でした。石山さんはマイクを持った瞬間からどこか異彩を放っていました。

そして、こう言ったのです。

「君たち、建築家になりたかったら年賀状が五百枚くるような人間になりなさい」と。

衝撃的でした。デザインとは何かという大風呂敷《おおふろしき》を広げるのではなく、だれか歴史上の建築家の話を伝えるでもなく、建築家として最も大切な資質は「人間性」だということをいきなりガツンと言い放ったのです。このとき、正直いって「ん？　年賀状」という具合に何が何だかよくわかりませんでしたが、石山さんに強く惹かれたことだけはたしかです。僕の前に現れたはじめての建築家だったのです。そして、このとき、将来石山修武研究室に行くことを、僕は心に決めていました。

大学院を卒業するまでの六年間、特に本格的な設計の課題が始まる三年生のときから僕は石山さんから多くのことを学びました。というか、建築のすべてを教えてもらったと言っても過言ではありません。

石山さんは、そのころ自邸である《世田谷村》を千歳烏山《ちとせからすやま》に建設中で、その地下室が先生の設計事務所として機能していました。それは、普通の自邸などではありません。建築家の自邸です。自身がクライアントとなるため、建築家として考えていることをもっとも純粋な形で実現できる実験的な住宅なのです。

『「秋葉原」感覚で住宅を考える』（石山修武、晶文社、一九八四）という本の中で詳細に書かれていますが、石山さんは、現代住宅が住まい手から遠く離れた存在になってしまい、あまりに高額な商品になってしまったことを憂《うれ》い、秋葉原に通うオタクの人たちが電気街で自分の好きな部品を購入してパソコンなどの機械を自ら組み立てていくような感覚で家をつくるべきだと考えたのです。そのために、一括して工務店に発注してつくってもらうのではなく、それぞれの職種別（基礎、鉄工事、木工事、水道や電気配線など）に分離発注しながら家を建てたのです。

具体的には、まず敷地の四隅に鉄骨の柱を立てて、どこにでもある木造平屋の民家の上に、大きな鉄の家をつくるという奇想天外な住宅です。下の民家に住みながら工事が進められ、完成して上に引っ越ししたら、民家は取り壊されて、宙に浮いた箱舟のような住宅が完成しました。そんな名建築の地下室には、ピリッと張り詰めた空気がいつも漂っていました。

僕は大学院の二年間を毎日この地下室で過ごし、みっちり鍛えられました。裸電球がいくつかあるだけで窓のない空間は、朝から晩まで変化することなく、ずっと湿っぽかったように思います。石山さんが建築を、まさに創造する瞬間に、その現場で修行経験を積むことができたのは、忘れることのできない得難い建築体験でした。

ときどき二階の現場にも呼ばれ、石山さんが提唱するセルフビルドの実践として、天井のアルミ板を張る工事や屋上菜園の手入れなども手伝いました。無骨なコンクリートに覆われた地下室では、平行定規を使って図面を描き、模型をつくる毎日でした。時代としては、当時CAD（Computer-Aided Design）と呼ばれるパソコンで図面を描くようにシフトしていましたが、世田谷村の地下室ではまったく時間が止まったかのようでした。もうすっかり絶滅してしまった「青焼き機」を使ってトレーシングペーパーに描いた図面を複写し、その青焼きに赤鉛筆で石山さんがスケッチを重ねるという方法で設計が進められていました。

卒業生のスタッフと一部の大学院生を含めて総勢七、八人くらいで一緒に働いていました。ひとつ上の先輩に坂口恭平《さかぐちきょうへい》さんがいて、短い時間でしたが彼と一緒に世田谷村で過ごした経験もまた、強烈なものでした。とても繊細な感覚とダイナミックな価値観を兼ね備えた人で、自分にないものをたくさん持ち合わせた恭平さんからも多くの刺激を受けました。

石山さんには、とにかくよく罵倒されていました。決して褒められることなく、厳しく指導されました。覚悟をもってデザインに向き合う姿勢や方法、建築を設計することが社会的な営みであることなど、実践の中で教え込まれたのです。

コンセプトを立てて論理的思考の構築の重要性や、建築を設計することの心構え、建築を思考する深度、または、設計の水準をみっちり叩き込まれました。コンセプトとは、「con（共に）」「cept（受け取る）」という意味であり、独りよがりであってはならないのです。優れた建築を期待されてこそ建築家であり、建築家の社会性が問われるのは、多くに共感されるコンセプトをもって魅力ある建築をつくることができるか否かにかかっています。

建築のことなど何も知らなかった学生が、石山修武というアーキテクトの働く職場を体験し、この世界の魅力と真髄《しんずい》を見せてもらったことで、建築家として働くことへの扉がこのとき開かれました。また、世田谷村での経験によって、僕は前よりいくぶんタフになりました。建築という世界でやっていくための礎《いしずえ》を築いた原点とも言えるでしょう。

教わったことのほとんどは、やはり、言われてすぐには理解できませんでした。読書するときに行間に込められた著者の意図が最初は読めなかったように、持続的な学びが成立するには、やはり時間が必要です。

教えられたことを広い文脈で理解するには、瞬発力よりも、持続力が必要なのです。自分で考え続ける力。要するに、今こうして書いていることのほとんどは、そのときにはまだ受け取っていなかった「学びの種」だと思います。

そもそも石山さんの下《もと》で手取り足取り、具体的にこういうことをしなさいと教わったわけではありません。本当に大事なことは、誰も教えてくれないものです。聞いたって、教えてくれない。誰にでも応用可能な魔法のような模範解答など社会のどこにも存在しません。

何か漠然とした「あわい」のような引っかかりを、もしくは小さな違和感みたいなものを、ずっと考え続けること。そして、しかる実践を踏まえた上で、事後的にしか見えてこない学びの柱がたくさんあると思うのです。それは、自分が教壇に上がったときにはじめて気が付きました。すると、今まで師から言われてきたパズルのピースが、自分の中でカチカチと音を立てるようにしてはまっていったように感じました。

はじめて教壇に立つ

ドイツから帰国して、はじめて非常勤講師として働いたのは、渋谷にある桑沢デザイン研究所でした。きっかけは、やはりご縁です。

たまたま、森川嘉《もりかわか》一郎《いちろう》さんという石山研の先輩がいて、准教授として明治大学に着任するため、桑沢でやっていた非常勤の授業の後任として何物でもない僕を指名してくれました。

ベルリンの設計事務所で建築家として四年働いた経験を積んだ光嶋ならできるだろうという、森川さんの一方的な思い込みでした。

僕はなにもわからず、ひとまず六年ぶりに森川さんに会いに行ったら、「非常勤で先生をしてみないか?」と。森川さんは秋葉原とかオタク研究の専門家で、『趣都の誕生』（幻冬舎、二〇〇三）というものすごく面白い本も書かれていました。石山さんの側近みたいな大先輩でしたので、はじめは困惑しました。三十歳になったばかりの僕なんかが先生として若い学生たちに教えることなどあるのか、自問自答していました。そんな大きな靴が履けるとは、思えなかったのです。けれども、靴は履いてみないとわかりません。誰でも与えられた靴を履いてしまえば、その靴が似合うようになるかもしれない、と思い直して、引き受けることにしたのです。

履き慣れない靴を履くことによって、試行錯誤していると、何かを教えているつもりが、むしろ自分自身が多くを学生たちから教えられているような気持ちになりました。不思議な逆転現象です。ソクラテスの「無知の知」という言葉でよく形容されることですが、まさに学びとは、そんな果てしない海に飛び込むような感覚が強くありました。

ほんの数年前は、教室で先生を見ている学生サイドにいた自分が、学生を見る先生サイドに替わってみると、同じ教室でもずいぶんと景色が違って見えました。僕は、自分の旅のスケッチと、自分の写真だけを使って、なるべく自分の素直な言葉を掘り出すように、今まで感動した建築体験について講義を組み立てました。パルテノン神殿を目指したアテネから、ヴェネチアやウィーンなど、都市をテーマにして精一杯自分なりに建築の魅力を語りました。毎週二コマの三時間、七週間にわたるレクチャーでした（この連続講義を元にまとめたものが『建築武者修行』）。

とにかく自分がこの目の前にいる学生たちだったら、どのような話が聞きたいか、を想像しながら、全身全霊で毎週やりました。僕が先生になって、何かを学生たちに教えることができたかどうか、それもまた僕がしたのと同様に、彼ら自身が僕の建築体験の本当の意味を理解する方法をそれぞれが自分で発見しなければならないのでしょう。

僕は先生運が良かったと書きましたが、どうも学生運（そんなものがあればですが）も非常に良いようです。とても素直で意欲ある教え子たちに恵まれ、いつも教室で有意義な対話を重ねてきました（桑沢の時の一期生が、今では僕の事務所で働いてくれています）。

学生たちの表情を見ていれば、講義であってもそこには双方向にコミュニケーションが成立していることを感じます。講義のあとの感想ノートにぎっしりと学生たちからのフィードバックがあると、何かがたしかに伝わったと思うし、講義中の彼らの目を見ていれば、いま自分の話に強い関心をもっているか、つまらないと思っているかは、すぐに感じます。

そうして、先生から弟子へと見えないバトンは、渡され続けるのです。

建築家一年生

ベルリンから帰国してすぐの頃は、当たり前ですが、まったく仕事がありませんでした。二〇〇八年はリーマンショックによる世界的な金融危機もあって、社会はすっかり冷え切っていましたが、そもそも、僕が建築家としてやっていくための後ろ盾がありませんでした。その上、仕事を獲得するための情報発信もできていませんでした。いや、正確には、発信すべきものをまだなにも持ち合わせていなかったのです。

建築家という仕事は、依頼されてはじめて成り立つものなので、仕事がないというのはとても辛《つら》かった。とにかく将来が不安でしかたなかった。

まずは一級建築士の資格試験のための勉強をしました。F1ドライバーを目指すにはまずは車の免許を取得せねばとばかりに、意気込んでいました。しかし、どうにも知識を詰め込む勉強に身が入らなくて、現実逃避のように、絵ばかり描いていたように思います。

僕の事務所の壁にかかっているこのドローイングは、二〇〇八年十一月に完成しました。ベルリンにいた頃からずっと「幻想都市風景」をテーマに、ありそうでない架空の建築の姿を空想しながらドローイングを制作していますが、これだけ大きなものを描いたのははじめてのことです。

この一枚を見ると独立したばかりで、何物でもない自分への大きな不安や葛藤らしきものが、まざまざと線の中に見てとれます。

壁に掛けられた絵というものは、その場所の空気を日々呼吸している気がします。鑑賞者と共に絵の中にゆっくりと時間が刻まれていくのではないでしょうか。だから、僕はこの絵に特別な思い入れがあり、見る度に、「建築家になるぞ」という野心の熱量みたいなものが思い出されるのです。


未《いま》だ石山さんが言うように、到底五百枚には及びませんが、あの頃からなるべく年賀状が多くもらえるように努力しています。人と人とのご縁がいかにして結びついていくのかを、今でもよく考えています。人とのご縁には、効率というものがないことだけは、たしかなよ

はじめての幻想都市風景ドローイング。紙にインク
(78 cm×57 cm、2008)

うです。

たくさんの人と合理的に付き合うということは、できません。結婚して、家族ができるようになると、昔の友達たちには不義理にもなります。しかし、限られた時間であっても、その時々に誠意を尽くして、尊敬のもとに人間関係を構築していくと、きっとそれはゆっくりと強靭《きょうじん》な共同体になっていくのではないでしょうか。そのためにも、人間力を磨くことが大切なのかもしれません。

内田樹《うちだたつる》先生との出逢い

ご縁について考えていたときに、内田樹先生が『街場の戦争論』（ミシマ社、二〇一四）という本の中で書かれている「強い現実」と「弱い現実」という考え方に触れ、強く共感し、腑《ふ》に落ちたのをよく覚えています。現実というのはそれぞれ個人にとっては、ひとつしかなく、自分が生きている人生そのものが本当の現実です。

では具体的に、その内田先生と僕の出会いの話から考えてみましょう。

内田先生に出会う前は、僕は先生の著作の単なる読者でした。言うなれば何万人の中の一人のファンです。『ためらいの倫理学』（冬弓舎、二〇〇一）という本がすべての始まりです。学校帰りに高田馬場の本屋さんでこの本の表紙を見たときに、すぐに手に取ったのがきっかけでした。いわゆるLPでいうところの「ジャケ買い」ですね。そのときは、まだ「内田樹」を「うちだいつき」と読んでいたように記憶しています。

この本を読むという、その時点ではまだとてつもなく弱い現実からはじまったこの出会いが、のちに僕の将来にどれほど強い現実をもたらすのかは、まだ知る由《よし》もありません。

というのも、表紙に美しくレイアウトされていた絵が眼に留まったから、『ためらいの倫理学』という本を買ったのです。そのとき山本浩二《やまもとこうじ》の描いた絵であると認識できたのは、僕が大学三年生のときに非常勤講師としてお越しの山本画伯の設計演習Dという講義を受けたからでした。このキュビズムを解説するレクチャーがめっぽう面白くて、生身の画家に直接会ったのもはじめてということもあり、血が騒ぐように興奮する講義だったのを今でもはっきり覚えています。

授業後に、教壇まで行っていろいろとお話しさせてもらったことで、後に個展に誘われたり、画伯が拠点とされているミラノでも再会したりして、懇意《こんい》にしてもらいました。山本画伯と、単に授業で出会うだけであれば、あの講義を一緒に受けていた何十人もの同級生たちと変わらず、ワン・オブ・ゼム（one of them）だったはずです。しかし、画伯に強く魅せられて、この人めちゃくちゃ面白いと思って、授業後に教壇に行って直接話したからこそ、弱い現実が少し強くなり、授業を超えた関係がはじまりました。

その後山本画伯とは、なかなか会えなかった時期が続くのですが、ドイツから僕が帰国したときに内田先生の『日本辺境論』（新潮新書、二〇〇九）を何度も膝を打ちながら読んだことで、変わりました。アメリカ生まれの自分が、ベルリンで四年間を過ごし、帰ってきたことで、日本人とは何か、という自分のアイデンティティーの核にあるものについて考えていた時に、「辺境」という切り口で内田先生は、クリアカットに大切なことをたくさん教えてくれました。これこそぴったり自分が読みたかったことであり、まるで自分のために書かれた一冊だと感銘を受けました。

とにかくこの感動を誰かと話したい。しかし、周りを見渡しても内田樹を読んでいそうな人がみつからず、誰も思い当たらなかった時に、先生の本の表紙の絵を描いている山本画伯がふと脳裏に浮かんだのです。画伯ならきっと読んでいるに違いないと思って、何年かぶりに電話してみることにしました。

この一本の電話から内田先生に出会うこと（詳しくは『みんなの家。』を参照してください）

になるのですが、もっと遡って、そもそも僕が帰国子女として高校受験した際に、早稲田大学でなく、慶應《けいおう》大学の付属高校に行くことを選んでいたらどうなっていたかと考えると、「あったかもしれない人生」というのが無限にあることに気付かされます。

いま生きている現実の人生の中で、選択されなかった可能性が無数にある。そっちが弱い現実で、本当に起きている人生が強い現実というわけです。それはまるで蜘蛛《くも》の巣のように、すべてが地続きにつながっています。すべてのアクションに対して、リアクションという因果関係があり、弱いものがだんだん強くなっていく。

あの一本の電話のおかげで山本画伯と再会できたし、もしあの二時間前に電話していたら、画伯のケータイが圏外で出られなかったかもしれないし、もしあの電話の中で僕が掛けていたグレン・グールドの奏でる《インテルメッツォ》について音楽談義が盛り上がるようなことがなければ、画伯が内田先生に僕を紹介しよう、という気にさえならなかったかもしれません。

なにが、どこで、どのようにして、つながったのかは、まったくわかりません。誰のどのような力が働いて、弱い現実が強くなるのかも、わからないのです。けれども、一つひとつの選択が全部連続しながら、今の自分をつくっているということだけは事実だと思います。

現実から過去を振り返ると、奇跡みたいなことが連続します。嘘のような本当の話、偶然のような必然。内田先生と出会えたとしても、ただ麻雀《マージャン》をして終わりだったという可能性だってあったかもしれません。

内田先生と出会ったとき、僕は一級建築士に合格したばかりで、早く仕事がしたくてしょうがない状態でした。内田先生は当時勤めていた神戸女学院大学をあと一年で辞めるから――まだ辞めなくてもよかったのですが、五年アーリーリタイヤしてあと一年と決めていらっしゃったので――その間に道場を建てようと考えている、という話を麻雀の牌《ぱい》を握りながら聞き、すぐに手を挙げたのです。

まだ敷地も決まっていなくて、なにも具体的に決まっていない状態でした。そのようなタイミングで出会うことは、決して僕が意図して望める類のものではありません。いろんなことが全部そうした弱い現実と強い現実の組み合わせでできていると思うのです。

強い現実と弱い現実

光嶋家は僕が小学二年生の時にアメリカから日本に帰ってきて、そこから五年間日本で暮らしました。もうすぐ小学校も卒業という頃、三つ上の兄も中学校を卒業する間際で、僕たち三兄弟はすっかりジャパニーズになっていました。昔はボン・ジョヴィを聴きながら踊り、英語で喧嘩していたのに、その英語もすっかり使わなくなってしまい、だいぶ忘れてしまっていました。

キャッチャーをしていた少年野球チームの友達も多く、日本での生活がとにかく楽しかった。団地に住む友人たちと放課後の草野球にも熱中したし、仲良しの友達とアクションの凄《すご》かった『ターミネーター2』をはじめて劇場まで見に行ったのもその頃でした。典型的な日本の小学生になっていました。

その時に父親の二度目の転勤が決まったのです。

今度はカナダのトロントだと言われても、カナダが地図上でどこにあるのかさえもはっきりと答えられない小学生の僕は、猛反対しました。もう海外生活にまったく興味が湧きませんでした。奈良に建ったマイホームも好きだったし、家族みんなで話し合った結果、父には一人でトロントに行ってもらうように言いました。

でも、父は「せっかくだし皆で行こうよ」と。

そんな中、みんなで行くか、単身赴任するかを、兄と僕の受験で決めようということになりました。アメリカ生活の長かった僕らは、帰国子女枠のある同志社国際中学と同高校をそれぞれ受験しました。数年前から塾にも行っていたし、学校の成績も結構良かったから、合格すると高を括《くく》っていました。緊張の中はじめての受験は、僕が中学、兄が高校のダブル受験。二人とも受かったら、父には単身赴任で行ってもらい、どちらか片方でも落ちたら家族でカナダへ行こうと約束しました。そうしたら僕たちは、見事に落ちたのです。それが、僕たちのコンプレックスとなるのですが……。受験競争をなめていたようです。

トロントで過ごした中学時代の友人たち、1993年頃

でも、トロントで過ごした三年弱は、あまりにも実り多いものでした。あのカナダで過ごした中学時代がなければ、大切な友人たちとか、今の英語力、多様な文化的視点などは全く違ったものになっていたでしょう。子供から大人へ向かう中学時代は、不透明なアイデンティティーをゆっくり形成する大切な時期であり、伸び伸びと自由にトロントで過ごしたことは、人間形成においてすごく大きかった。

もし日本であのまま中学三年間を過ごしていたら、どんな人間になっていただろうか、と思うことがあります。

まず、普通に英語を自由に話せるようにはならなかっただろうし、多様な価値観に大きく開かれることもなかったかもしれない。中学生にしてダンクシュートができるようなアフリカ系カナダ人の友人たちと一緒にバスケをしたり、学期末のダンスパーティで踊ってみたり、日本にいてはなかなか味わうことのできないような、生きることの圧倒的な自由さみたいなものをカナダの生活は、教えてくれました。

ナイアガラの滝などカナダの大自然を味わい、スキーやスケートなどのウィンタースポーツも人生ではじめて経験しました。学校では、吹奏楽部に入ってトランペットを吹いたり、父と一緒にゴルフをしてみたり、とにかく毎日が新しい何かに臨むことの連続だったように思います。それは、中学生の自分にとって何でもやればできるということを身をもって思い知らされた生活だったように思います。前向きであれば、どんな不安も打ち破って、ハッピーでいられることができるのだと。

中一ではじめてあの分厚い英語のテキストブックを渡されたときの絶望に近い無力感も、少しずつできるようになっていくと、小さな喜びに変えられる。

カナダという国は、当時から多くの移民を受け入れていたこともあり、トロントの中学校には、ESL（English as a Second Language）という英語を母国語としない生徒たちのための特別クラスがありました。高い英語力を要する「リーディング」や「ライティング」、「フランス語」などの授業をクラスメイトが受けている時に、僕はESLでみっちり語学の基礎勉強をしていました。

四、五人で丁寧に教えてくれるESLの授業は、いつも発見の連続でした。イギリスによる香港《ほんこん》返還を機にカナダに来た中国人や、クロアチア人と一緒に「カナダの自然について」ディベートをすることになったときのこと。

僕は前日調べたことが上手に発表できるか、ひどく緊張していました。すると、先生が僕を見て"You must have butterflies in your stomach"と言いました。ん？「お腹の中に蝶々《ちょうちょ》がいる」という言葉の意味は、わかりましたが、それが緊張している状態を表す慣用句だと気付くのに少し時間がかかりました。面白い表現をするもんだなぁ、と感心したのを覚えています。このような日本語にはない英語独特の表現が、その国の文化の一面を表していることをこのとき知りました。

こうして日々の生活の中で、わかるという実感を伴って学んだことは、なかなか忘れることがありません。そして、できないものなどない、という子供らしい全能的な可能性を感じるようになっていました。つまり、「無根拠の自信」をもって、なにごともやってみなければわからない。とにかく何でもとことんやってみる。僕があの三年間を人生のかけがえのない大切なターニングポイントだと認識するようになったのも、自分にとっての新しい扉をたくさん開くことができたように思うからです。

それから改めて、帰国子女枠で高校受験をします。三年前に落ちた同志社国際を滑り止めにして、早稲田と慶應の付属高校を受けました。今度は、兄と二人とも受かり、同志社国際にもリベンジを果たしました。

あのとき中学受験に受かって、父がカナダに単身赴任にならなかったことを、今では心から感謝しています。あの受験によって僕の弱い現実と強い現実が、もし入れ替わっていたとしたら、どんな人生を送っていたか。想像すると、怖くなることがあります。

しかし、この話を内田先生にすると、仮にそっちに人生が行っていたとしても、きっと君は山本浩二に出会い、僕らはこうなっていたと思うよ、と仰《おつしや》います。

雪だるまをつくる

いまでこそ本を読むようになったけれども、一冊の本についても、どんなタイミングでどのように出会うかは、自分の想像の範疇《はんちゅう》にないというか、ある種計算できないものだと思っています。高校生のときに村上春樹の小説に出会えたことが、僕にとってラッキーなことでした。

事務所にかかっているドローイングを僕が描いていた頃は、目が血走っていました。一級建築士の試験も受かったし、もうどんどん仕事するぞと血気盛んで、鼻息が荒かった。

焦っていましたから、名刺を大量に印刷し、とにかくいろんな人に配り歩く毎日。起業家の友人が開催する異業種交流会なるものに率先して出て行ったり、政治家のパーティなどにも誘われたら喜んで行ったりしました。ひどく疲れました。無理して背伸びしていたし、見せかけだけの交流は、つまらなくて、すごく消耗します。

あの時はすべて自分の狭い頭の中で計算しながら動いていたように思います。とても打算的で、独りよがりな行動ばかり取っていました。自分で書いていた文章を出版社に持ち込んでみたり、あるいは、個展がしたくて、いくつかのギャラリーにドローイングを持参してみたりもしましたが、すべてうまくいきませんでした。

この人に会えばきっと何かプロジェクトがもらえるのではないか。会う人、会う人に「いつ家建てるの？」みたいな話ばかりしていた暑苦しい奴《やつ》だった。あの時に出会った人でいまでも交流のある友達はほとんどいません。どこか希薄な関わり方しかできなかったと猛省しています。

自分の思うようにならないことで悩んでいた時に、千駄ヶ谷トンネルに壁画を描いたのがきっかけで学生時代からご縁のあったワタリウム美術館の館長である和多利浩一《わたりこういち》さんにドローイングを見せに行きました。もちろん、「個展をやらせてください」などと言うほど僕も身の程知らずではないので、プロの目利きとして、率直な意見が聞きたかったのです。

すると、和多利さんはとてもフランクな口調で「良いじゃない、この絵。発表したい気持ちはわかるけど、生き急ぐ必要ないから。しっかり目の前の仕事をやって、とにかく描き続けなさい。作家は、絶対に安売りしないこと。有名だろうが、無名だろうが、作品は持ち込んだりしないで、向こうからちゃんと声がかかるまで待ちなさい」と。

この言葉は、ズコンと頭を殴られたように心に響きました。

やはり、自己中心的にこの人と会えばこうなるみたいなことを予め計算した身勝手なご縁というのは、すごく弱い現実だと思い知らされました。そこに確固《かつこ》たる必然性がないからです。

結局、自分自身で後悔しないための覚悟ある選択を一つひとつ重ねていくと、弱い現実も強いものとなり、何もしなければ強かった現実も自ずと弱くなっていく。現実の強弱は、自分の小さな選択次第で、自在に入れ替わるはずです。

それは、村上春樹の小説『ダンス・ダンス・ダンス』（講談社、一九八八）の主人公が自分の仕事を「文化的雪かき」と表現したフレーズに倣《なら》うと、「雪だるまをつくる」感覚に近い。現実が強くなっていくのは、自分という雪だるまをつくっていく営みだと考えると、広大な雪原（社会）に広がるさまざまな雪と遭遇して、自分の一部となって大きくなります。弱い現実という雪の上を転がって、強い現実になっていく。動きを止めてしまうと、雪が溶けたり、氷になってしまったりするでしょう。

どっちの方向に転がすかを決めるのは、自分であっても、転がった先でどのような雪と接触して、どのようにしてその雪が自分自身の雪だるまとなってくっついていくのかを、完全に計画することができないということです。

また、自分の雪だるまを完全に見ることができないということでもあります。大きな球体を転がすということは、自分の手が触れているところやその周辺は見えたとしても、押されている雪だるまの向こう側や、雪と接しているその場所自体は、見ることができません。転がる先が平坦《へいたん》なのか、坂なのかは、転がしてみないとわからないというのが、この喩えの味《み》噌《そ》なのです。

意志を持って雪だるまをつくることができても、その動きの全体は、自分の力の及ばないもっと大きな流れ、あるいは「運命」みたいなものによって決定されていることが多いのもまた人生ではないでしょうか。流れに逆らわないということ。

和多利さんに不意打ちのようにして言われた言葉で、僕は自分の雪だるまをあまりにも強引に、かつ無謀な方向へと転がそうとしていたこと、そして、そんなことをしても、まったく自分の身についていないことをまざまざと思い知らされました。

そうして現在から過去を振り返って自分の雪だるま（地図）を見てみると、偶然のような必然が今の自分を、あるいは、自分の視座らしきものをつくっているということを山本画伯や内田先生との出会いや、和多利さんからの助言で僕は学びました。そして、自分の中にあるそうしたモヤモヤした気持ちを、むしろ創作へのエネルギーに変換することが少しずつで

《凱風館《がいふうかん》》（神戸、2011）photo by Takeshi Yamagishi
上）武家屋敷をイメージした外観
下）琉球《りゅうきゅう》畳を敷いたおよそ80畳の道場

きるようになったように思います。
それが「ご縁は向こうからやってくる」と先に述べた所以《ゆえん》です。

いろんな人とつながっていく

自分だけの狭い価値観の中に閉じこもって打算的に人と会うのをやめた途端に、どこかスーと肩の荷が下りたように感じました。なんだか楽な気持ちになったのです。そして、嘘のような本当の話として、現実は予測や想像をはるかに超えて、新たなご縁が次々やってきました。

中学時代から『スラムダンク』を愛読していた僕にとって、井上雄彦《いのうえたけひこ》さんは雲の上の憧れの存在でした。高校時代も三年間バスケ部員としてコートを走り回っていたとき、毎週月曜日に「少年ジャンプ」を読むのがなによりの楽しみでした。漫画の中の世界が、あれほどまでにリアルに迫ってくることはありません。シューティングガードだった僕は、なかでも三井くんがとりわけ好きでした。寡黙でありつつも、大事なときに決めてくれる頼りになる男として、輝いて見えました。

独立して四年、やっと完成した《凱風館》という処女作についての文章を『みんなの家。』と題して、糸井《いとい》重里《しげさと》さんの「ほぼ日刊イトイ新聞」で連載することになりました。それを書籍化するにあたって、ボーナストラックとして井上さんと対談したい、という無茶なお願いを手紙にしたためて、ご本人に送ってみることにしました。

するとなんと承諾してもらい、超多忙なスケジュールの合間を縫って井上さんがわざわざ神戸に来てくれたのです。自分が建築家としてはじめてつくった空間に、憧れの井上さんが来てくれて直接お話しさせてもらうという、夢のような時間でした。

それから二年後の二〇一四年正月、今度は井上さんの方から連絡を頂きました。実はスペイン大使館との仕事で、日本スペイン国交四百周年記念事業として、ガウディの展覧会を依頼されているとのこと。でも連載も抱えていて、ガウディの絵は描くけれども、それ以外のメディア取材とか、諸々の情報発信をしていくことは現実的に難しい、と。そこで、制作以外の部分でサポートする「公式ナビゲーター」をつけたいということで、その大役を僕に依頼してくれました。

ガウディに関する専門家は建築業界に沢山いますし、漫画界における井上雄彦について語れる人も多くいます。けれども、そのふたつのクラスターがまったく重ならないというのです。僕にとっては、井上さんも、ガウディも、共に尊敬するクリエイターであることに変わりありません。等しい熱量で、二人を語れると思ったのです。

おかげさまで、ガウディを肌で感じるために一ヶ月間ほどバルセロナに滞在していた井上さんに会いに行って、ガウディの代表作である《カサ・ミラ》の一室で対談（『再訪』井上雄彦、日経BP社、二〇一四、に収録）させてもらいました。ガウディ建築の本質が、自然を手本としながら生成していく空間であることや、何かを創り出す創造者としての二人にとって「完成を急がない」という共通点があることなど、多くの学びを得た幸せな時間でした。

でも、このような仕事は、計算して狙《ねら》えるようなものではなく、向こうからやってくるとしか言いようがありません。少なくとも僕の場合は、そうでした。

それらは、意図しないタイミングでやってきます。その与えられたご縁を大切にし、ひとの期待に応《こた》えるべく全力投球することで、次なるご縁へとつながっていく。目の前の扉を開いていくと、次に強い現実が現れます。弱かったかもしれない現実が、強くなっていくという連続です。

摩天楼をイメージしたステージに、幻想都市風景のドローイングをプロジェクション・マッピングしたAsian Kung-Fu Generation 2015《Wonder Future》ツアー

二〇一五年に全国ツアーのステージデザインをやらせてもらったロックバンドのアジアン・カンフー・ジェネレーションとのご縁も、ひょんなことがきっかけでした。バンドのフロントマンであるゴッチ（後《ご》藤《とう》正《まさ》文《ふみ》）さんが東京・青山の画廊「ときの忘れもの」に来てくれたのです。僕の《幻想都市風景・新作展》を見ながら、当時制作していたアルバムの話をしてくれて、この絵をステージにできませんか、と。このような架空の町をバックにして歌いたいと、驚きの依頼を受けました。

　こういうことって僕の方からゴッチさんに「今度のツアーのステージデザイン

をやらせてください」と言ってもなかなか実現するものではありません。多分独立当初の二〇〇八年頃の前のめりだった僕なら、はじめてゴッチさんに会った時にそのようなことを言っていたかもしれません。

小説家に会うと、今度僕にあなたの本の表紙を描かせてもらえませんか、とか言っちゃうみたいなことを昔の浅はかな僕だったら平気でしたように思います。しかし、ご縁とは、そういうものじゃないということが、だんだんとわかってきました。

ギブ&テイクとか、自分から積極的に行くことは大事ですが、自分だけで考えると、なんでも独りよがりになりがちです。何かが起きる時は、その時々のいろんな要素が強かったり、弱かったりと、紛れもない必然性みたいなものがちゃんとあり、今しかないというタイミングで起こるのです。

『みんなの家。』という本を書くことになったのも、アルテスパブリッシングの鈴木茂さんが内田先生のブログに書かれた「今まで何も建てたことがない若い建築家に道場の設計を依頼した」という文章を読んで、本の執筆を依頼してくれました。今まで本を書いたことのない僕に、いきなり出版のチャンスを与えてくれたのです。背中を強く押してもらったようで嬉しかった。いま思うと鈴木さんに出会っていなかったらその他の本たちも生まれなかったかもしれないし、糸井さんの「ほぼ日刊イトイ新聞」にも出ていなかったと思います。

いろんな点と点が自分の意図をはるかに超えて結びつき、ひとつの線になっていく。自分の想定できる論理の埒外《らちがい》にあるものが、世の中にはたしかに存在し、多くの奇跡のようなご縁が結ばれていく。

そう思うと僕にとって高校時代の吉田先生との出会いがそもそもの始まりかもしれません。いや、カナダでの中学時代や、もっと遡って、奈良での小学校時代など、先生運の良かった僕のたくさんの恩師とのご縁と、そうした人と過ごした時間の集積が、いまの自分（雪だるま）をつくっていると強く思うようになりました。

僕にとっての強い現実が変動し、動き続けること。弱い現実というたくさんの糸があって、この本をこのタイミングで読むとか、この映画をこのタイミングで観るとか、この人とここで偶然会うとか、いろんな弱い現実が次なる強い現実へと向かってずっと波打っています。そういう現実に身を任せ、出会いのアンテナという自分のセンサーの感度をいかにして上げられるかを大切にしたいのです。

第二章　見えないものとの対話

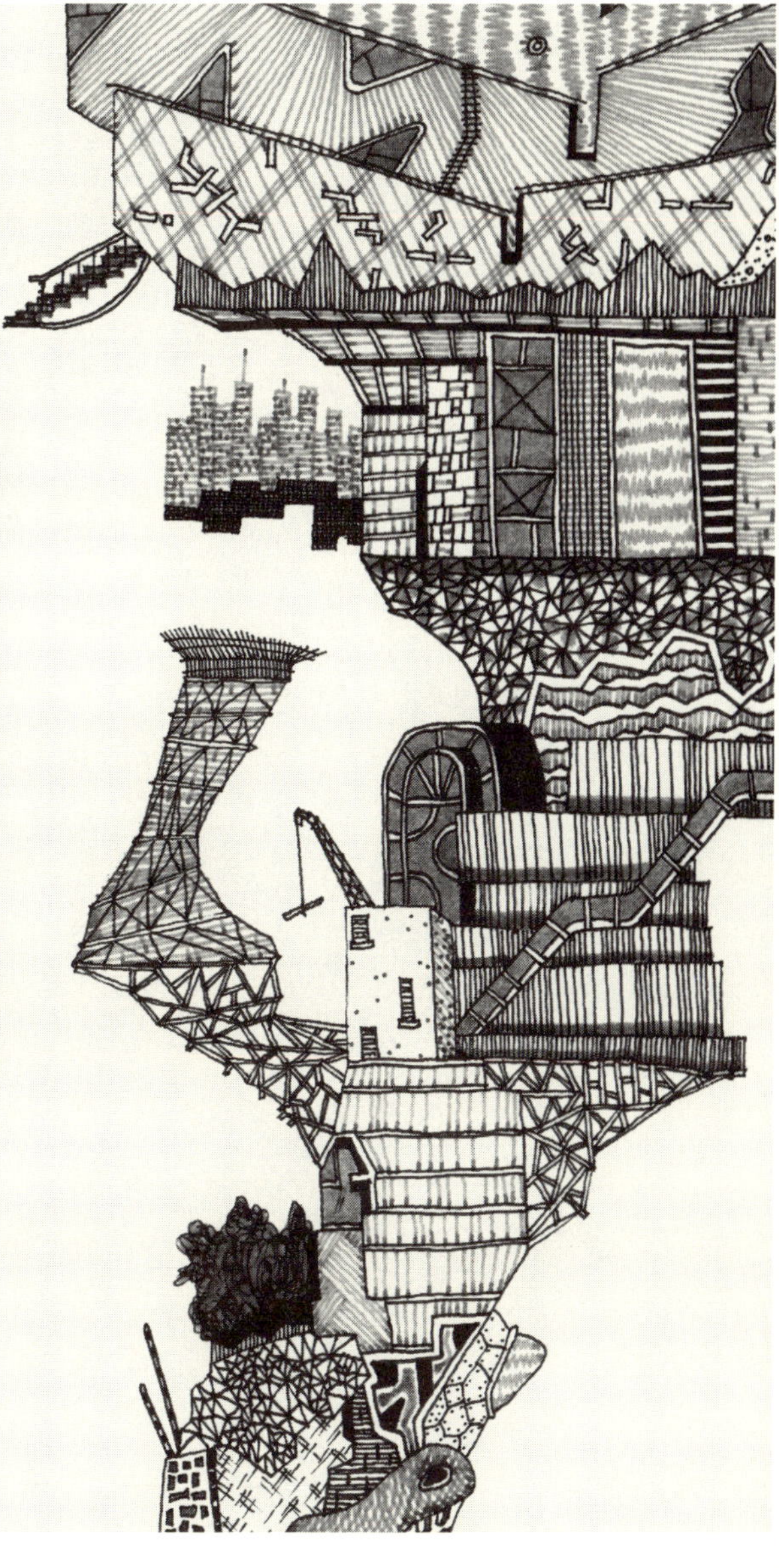

1　美しいモノとは何か

建築家という職業について考える際に、まず最初に建築をつくり上げる上において本当にさまざまな要素があるということを知る必要があります。複雑なものをいろんな人との共同作業でつくるということもそうですが、僕が大切にしたいものの一つに、いかに美しいモノをつくるか、ということが挙げられます。

洗練された美意識によって創出された美しい素材の組み合わせや、綺麗《きれい》なプロポーションというものがあります。自然界にある植物は、説明不要に美しい。一本の樹木は、遠景における葉の茂り方も、近景で見る枝振りも、あるいは顕微鏡などで見た細胞レベルにおいてまで美しいものです。野に咲く一輪の花の美しさもまた、無条件に人の心に響くものがあります。

しかし、僕がよく想像するのは、見えているものの美しさの向こう側にあるかもしれないもう一つの世界のことです。物質的に手で触れることができるものではなく、そうしたモノに宿った「見えない世界」の美しさについて考えるようにしています。

建築家として建物を設計する際に、目に見えるモノだけを考えながらデザインするのでは、何か物足りない気持ちになることがあります。表層だけが美しくても決していい建築にはならないと思うからです。本当の美しさは、見て美しいだけでなく、五感のすべてに訴えかけるもの。実際に、建築が完成するまでに現場で働いている建築家としては、最終形態として完成する美しいモノの背景にあった見えなくなってしまったものにも、気を配らないといけません。

つまり、表層的な美しさを支えているのは、見えなくなってしまった下地など、そのプロセスにこそ依存しているということがあるのです。それは、何か見えない法則のようなものが支えている美しさの強度かもしれません。

不可視の世界へアクセスする

一例を挙げてみたいと思います。一枚の土壁が完成するのには、竹から編まれた竹小舞《たけこまい》が下地になります。そこに、土や砂を水と丁寧に調合した粘土のようなタネを鏝《こて》で竹小舞にひっかけるようにして塗り込みます。下塗りをしたら乾かせますが、乾燥すると壁がひび割れます。下地をパリパリとひび割れさせてから、数日後に中塗りをします。また乾燥させて、仕上げのタネを塗る。とにかく手間と時間がかかる作業であるため、今では一軒丸々土壁という家をすっかり見なくなりました。物質としての土壁が、その場所で呼吸をし、水分を吸収したり、放出したりしながら、左官職人の手の痕跡とともに、完成していくと独特な輝きを放つようになります。

完成した土壁には手間暇かかった竹小舞はもちろん、積層させるように丁寧に塗り重ねられた下地の壁は既に見えなくなってしまっています。ひび割れした下塗りも、もはや、いっさい見えません。しかし、そうした職人たちの思いは、必ず土壁の表面から滲《にじ》み出るものです。竹小舞でなく、薄いボードの下地にわずか数ミリの厚みでちょこっと土を塗っただけでつくられた土壁には、どうしても長い時間に耐える強度が備わりません。見せかけの美しさは、弱い。仮に、竣工当時は同じく美しく見えたとしても、しばらく時間が経つにつれてガタがきます。楽してつくられたものは、決して持続可能な美しさを獲得できないのです。

表面が一見美しいフローリングは、無垢《むく》の木材と比べて、パッと見同じように見えるかもしれません。その床の上を裸足《はだし》でずっと過ごしてみると、木のぬくもりや、味わいなどの違いが必ず感じられます。自然素材は、硬く均質的で綺麗なフローリングと違って、節があったり、反ったりして、まったく平らではないこともあります。しかし、そうした自然の動きも含めて家を構成しているモノが美しいと感じられるようになりたいと思っています。

料理にたとえるとわかりやすい。本当の美味《おい》しさは、手間を惜しまず準備された料理に宿るのではないでしょうか。食卓に並べられた料理には、それを丹精込めて調理してくれた母親の思いや、その食材に愛情を注いで育ててくれた農家さんたちの痕跡はもはや見えないかもしれません。しかし、そうした不可視なものは、きっと見るのとは違った形で僕たちが感じることができるのだと思っています。

《如風庵《じょふうあん》》（六甲、2014）
上）土壁の下地となる竹を編み込んだ竹小舞
下）土壁が綺麗に塗り込まれた内部空間

外的な表象の美しさの有無《うむ》にかかわらず、物質的なモノの世界を超えて、見えない物語へとアクセスする扉をみつけたい。レストランの厨房《ちゅうぼう》では、美味しい料理を客に提供するためにほとんどの時間は、開店前の仕込みにかかっていたりします。コンビニエントな料理は、コンビニエントな味しかしません。出汁《だし》をとったり、食材を綺麗に洗って切ったりする作業には、近道などないのです。

先に述べた土壁の例に戻ると、土壁に降り注いだ太陽の光がつくり出す陰影の美しさは、見飽きることがありません。惚《ほ》れ惚《ぼ》れする土壁を見ながら、それを塗ってくれた左官職人のことを思ったり、原材料の土があった山の風景に想《おも》いを馳《は》せたりするほど、うっとりする美しさというものがある。床においても、歩きながら足の裏で感じた心地よさを介して、つくってくれた大工さんや、伐《き》られた森に想像を巡らせたい。

実際に見えるモノだけではなく、その向こう側にあるかもしれない見えないものに、建築家として対処することができないだろうかといつも考えています。その内に美しさを秘めた見えない存在を、仮に「物語」と呼んでもよいでしょう。

多重に絡み合っていく中で、見えにくくなってしまった物語を丁寧に組み上げて、空間の魅力を発見していく。物語は、見えないのみならず、数値化もできません。しかし、そうした見えないものとの交流を通してこそ、本当の美は発見できると信じています。

鳥山明《とりやまあきら》の描いた名作漫画『ドラゴンボール』では、「スカウター」という目に取り付ける機械が出てきます。それは、相手の戦闘能力を教えてくれるのですが、世の中の多くのものはそもそも数値化できません。なにも霊的なものについてお話ししているわけではありません。ただ、亡くなったおじいちゃんの形見の腕時計には、何か特別な想いが宿っていて、他人には無価値であっても、その物語を受け取ることができる人にとっては、かけがえのない価値のモノであるはずです。

空間も同じく、そこにたずさわった多くの人の数値化不能な想いを宿しています。それを、無価値に考えることに強い違和感を覚えます。部屋の面積や家賃、駅から徒歩何分といったデータは、計測可能な数値化できる建築の価値の一側面に過ぎません。そのような尺度は空間を評価する上で、比較しやすく、査定する上でも都合がいいものです。そうした切り口が必要なのは、よくわかります。

けれどもそれ以外にも空間に込められた声なき声としての物語があると思うのです。僕にとって価値のあるものが、あなたにとって無価値であることも多くあるでしょう。しかし、人それぞれの固有な価値ある物語を黙殺してはならないように思います。

　万人にとって等しく価値があるように思われるお金みたいに、数値化可能なものは比較が容易であり、交換可能なものです。そのほかの多くのモノの価値は、人それぞれであり、そのように評価がバラバラで、違っているものを、わざわざ同じ土俵に上げる必要などあるのでしょうか。みんな違った固有の価値観をもっているのだから、それを尊重することはあっても、比較したり、批判したり、ましてや優劣を付ける必要など、まったくないと思うのです。

建築にあるいくつものパラメーター

　モノそのものは、割れたり、壊れたりしていつかはなくなる、儚《はかな》いものです。でも、心の目で捉《とら》える物語は、なくなることがありません。一個人をつくっている弱い現実や強い現実が多様であるように、建築家として建築を設計する上で、その場所に隠れている力や際立った特徴のないものなどの見えない何かを、いかに顕在化できるかということが建築家に託された大事な役割だと感じています。

　どんな建築をつくる上でも、「時間」と「お金」と「技術」というトライアングルが絶対的な条件としてあります。でもそのトライアングルだけではもちろんありません。それにいくつもの要素が物語となって建築を強く肉付けしています。

凧《たこ》揚げをイメージしてもらいたいのですが、凧をきれいに揚げるためには、何本もの糸の緊張関係をうまくコントロールしなければなりません。時間とお金と技術という三本の糸が中心にあるのは間違いありませんが、そのほかにも沢山の糸が建築という凧を風に乗せています。一本が切れると全体のバランスが悪くなるように、すべての糸が絶妙に関係し合ってはじめて建築は生き生きするのです。


一軒の家をつくるときのトライアングルについて考えてみましょう。

お施主さんが、お子さんの小学校のことがあるのであと一年で家を完成させて欲しいというと、時間は優先順位の高い、とても大切な要素になります。完成時期が決まっていると、「お金」をたくさんかけて職人を普段以上に呼んで、最高の「技術」を提供することで、その「時間」が守れるように努力します。逆に時間がもっとあれば、一人の大工さんがゆっくりやれる分お金は節約できるかもしれません。すべての現場がケース・バイ・ケースで、模範解答などありません。

時間、お金、技術のバランスは大事な軸ですが、それ以外のいろいろな要素をいかにその都度最適化していくかが課題になります。なにを発見し、なにを優先的に設計のパラメーターとするのか。このパラメーターの取捨選択こそ、その場所のための、その人のための、人とは違う建築をつくるための大切な判断基準になると思っています。

亡くなったおばあちゃんが暮らしていた部屋のこの柱は残しましょうとか、この場所から見える昼間の青空が美しいので、この光を頼りに設計を進めましょうとか。

これから家が建つ敷地に行ったときに、どのようなパラメーターを発見できるかは、設計者として大事な能力になってくる。敷地の歴史を知ることも大切なことです。ずっとその敷地に植えられていた梅の樹を手がかりに住宅を設計することもあるでしょう。

目に見えるモノにとどまらず、その背景にある物語をすくい取る。ここに昔きれいな菜の花が咲いていただとか、小さな井戸があっただとか、その場所固有の物語を場所と対話しながらみつけられないだろうか、と自分の身体感覚を研ぎ澄ますように心がけています。

仮にクライアントから「この樹は切っちゃってください」と言われたとしても、「はい、そうですか」じゃなくて、「工夫すれば、この樹木も家のために生かせますよ」と考えてみる。ときに制約でもあるパラメーターが、設計の突破口になることもあります。

時間、お金、技術もそうですが、パラメーターが複数になると、互いに矛盾することにもなりかねません。だから、優先順位をつけるようにしています。家づくりにおいて何を一番大事にするのかを発見し、共有するためです。

自然素材の木と土だけで家をつくりたいと強く希望された時に、化学製品である断熱材をどうするかという話になったことがあります。僕は、「木と土の家をつくる」というコンセプトを理解して一緒につくっていましたが、断熱材もまた快適さを求める上で必要です、と言いました。

しかし、お施主さんにとっては、部屋が夏に暑かったり、冬に寒くなったりすることは、構わないと。なるべく自然素材だけに、徹底したい。昔の家はそれでよかったかもしれませんが、今の技術では、断熱性能もある程度数値化されており、外の気温が何度だった時に家の中が何度になるかというのがわかるようになっています。素材の熱伝導率によって、外壁に必要な断熱材の厚さが検討できるのです。土壁で断熱材なしでいくなら、四十センチくらいの厚みがないと既成の断熱材と同じ性能を発揮しないことがわかっていました。

ところが、「自然素材だけでつくる」というコンセプトをなにより最優先にして、工業製品であるスタイルフォームやロックウールみたいなものはなるべく使いたくないと言って結局、壁には断熱材を使わなかったのです。木の粉からできた断熱材などもみつけてきたのですが、それも採用されず、純粋に木と土だけでつくるということがとても重要だったのです。結果、工業製品としての断熱材をまったく使わなくても、快適に過ごせるとのことでした。もちろん、多少は夏暑かったり、冬寒かったりすることもあるらしいのですが、それは想定の範囲内であり、それよりも自然素材だけの木と土の家にこだわり抜いたおかげで空気の澄んだ家で気持ちよく暮らすことができていると、喜んでいました。

これは一例に過ぎませんが、建築家がクライアントといかにして対話を重ね、最良の選択ができるのか、魅力ある家づくりを実践することは決して容易なことではありません。そのためには多くのパラメーターがあり、その中でも、見えない美しさに関わる優劣がつけにくい要素に対して、視野を広くもち、どれだけ意識的でいられるかを、大事にしたいと思っています。そして、そうした多くのパラメーターの優先順位を考慮しながら、上手に組み合わせたグラデーションの中から唯一《ゆいいつ》無二《むに》の空間が生まれるのではないでしょうか。

建築家として大切なこと

建築に関わる多くのパラメーターを発見し、整理しながら設計することがなぜ建築家にとって大切かということについて述べてきましたが、将来、設計という仕事がコンピューターに取って代わられたらどうなるかについて少し考えてみたいと思います。

もし、世界中のありとあらゆる住宅の設計事例をデータベース化して、コンピューターに覚えさせると、そのビッグデータから設計条件を入力しただけで、理想の住宅が設計できるようになったとします。つまり、敷地の形状や部屋の要望、予算などをただパソコンに打ち込むだけで、過去の実例から導き出された最適のデザインが生まれる時代がくるかもしれません。

しかし、これは、将棋のプロ棋士がコンピューターと対戦するようなことと同様にはいかないと僕は思うのです。コンピューターは、計算がものすごく得意です。ある問題を設定し、その方程式に対して計算をすることにとても優れています。素早く正確に計算します。それは、何をどのように入力するかによって正解を導き出せる問題に限られているのです。予め正解のある問いに対してのみ、コンピューターは有効なのではないでしょうか。設計行為においては、過去の膨大なディテールをストックしておいて、参照しながらコンピューター上に三次元の建物のデジタルモデルをつくることができるＢＩＭ（Building Information Modeling）システムは、革新をもたらしていますが、それは優れた設計手法（メソッド）であって、決して新しく何かを生み出す方向には働いていません。

けれども、人間は一人ひとりが違う身体をもち、先に述べた個有の物語があります。ですから、たくさんの事例の中から検証したからといって、名建築が簡単に設計できるとは到底思えないのです。

建築家の職能が、ビッグデータのコンピューターや人工知能（ＡＩ）に取られてしまわないためにも、建築家は、多様なパラメーターに対応しながら生身の身体感覚に根拠をおいて、測定不能な物語に対しても、感度を上げないといけないと思っています。その上でしっかりと自分でコンセプトを立て、複雑な設計行為を多層的に展開していく論理的な手法を持っていなければなりません。そうした複数の要素を習合させて、つくり上げる建築設計は、決して何か条件を予め入力して、最短距離で答えを出そうという類のものではないのです。

では、コンピューターに負けないための建築家の資質とは何なのか。

内田先生が道場を建てるのに僕を指名してくれたのは、山本画伯の紹介ではじめて麻雀《マージャン》をやっているときの「負けっぷり」が良かったから、だと言います。この人とだったら、家をつくるというハードな仕事の中で、沢山の選択や決断を逆境の中で迫られても、やっていけると思ったらしいのです。

僕は、家をつくっているときも、常に少しでもその家をより良くしようとクライアントや職人さんたちと対話を重ねることを一番大事にしています。密なコミュニケーションが設計の精度を上げるためには不可欠で、ある意味では、設計という行為は、エンドレスなものです。デザインするということは、想像力を働かせながら、変わり続けるものに対して、覚悟をもって切断することなのです。

〝これが絶対に正しいデザイン〟というものが、建築には存在しないと思っているので、考え続けることがなにより大切になってきます。具体的には、この家が「自分の家だったらどのようにしたいか」を念頭に入れて、いつもデザインするようにしています。

まさにさっきの断熱材をどうしましょうかとか、設計の精度を上げていく上で「他者への想像力」が建築家にとっての一番の武器になると考えています。

そのためには、現場に行かないと絶対にダメです。図面と模型という机上のデザインだけで、あとはお任せします、というのではモノづくりは成立しません。大抵の場合、問題が起きます。意思の疎通というのは、とてもデリケートなこと。いかにその建築に関わっているみんなが思いを共有できるかは、現場に通って、人と空間とつねに対話し続けるしかないのです。この終わりなき対話こそ、意見の合意形成を図るためには欠かせないのです。

指揮者なきオーケストラが暴走してしまうように、しっかりと現場の空気をコントロールし、完成後は見えなくなるようなところの工事でも、ちゃんとつくり手の思いが宿るように、タクトを振らなければなりません。職場の意識を高くまとめるために、指揮者としての建築家が「どのような空間をつくりたいのか」ということを細かく現場で職人たちに伝達し続けるのです。

一方、お施主さんは国産車の予算しかないのに、高級外車に乗りたいようなことを平気で言うことが、しばしばあります。そういう時に、言い辛くても、ベンツは無理ですよ、と丁寧にしかし断固として言わなければならないのです。車ならわかりやすいのですが、沢山のことが複雑に絡み合う家づくりの場合は、どうしても人生最大の買い物ということで気持ちも高まり、あれもこれも欲しくなってしまうもの。

でも、予算は国産車の場合でも、工夫しながらベンツのスペックに近いものにできるかどうかを一緒に考えるのが建築家の役割です。制約があるからこそ、思いも寄らぬアイデアが生まれることがあります。

床材を分厚い無垢のヒノキにするると、それだけでも温もりある床ができるから床暖房はやめるとか、壁の仕上げをすべて漆喰《しっくい》にしないで、一部クロス張りにして値段を下げるなど、地道な交渉がひたすら続きます。こうした細かい決断の集合として、出来上がった空間にある「質」が立ち上がってくる。

石山さんは、建築家とクライアントの関係には二種類しかないとよく仰《おっしゃ》いました。家族のように、愛し愛される関係になるか、建物が竣工してからは一切疎遠になるか、のどっちかしかないと。本当にそう思います。

すべての交渉も含めて人間力や、コミュニケーション能力が、建築家にとっては必要だと痛感しました。説得力のある言葉を身に付けるのはとても難しいことです。

二〇〇八年にドイツから帰ってきて一級建築士になり、看板を立ち上げてスタートしたときのこと。建築におけるパラメーターをどのように組み合わせていくか、設計の根拠を言語化しなければならない、歴史をしっかりと勉強していなくては、自分の言葉を持つことはできないと痛切に感じていました。

なんとなく「これ、かっこいいでしょう」と言うだけでは、わかってもらえないものです。もちろん、この絵よりもこっちの絵の方が素敵だよね、黒より赤い服が似合うという好みのレベルで優劣を付ける部分もあるし、センスの良し悪しで片づけられてしまう部分もきっと少しはあるでしょう。

しかし、そうした曖昧な文化的領域も含めて、なるべくきちんと言語化していくということをヴェネチアでフォルコラに出会って以来、僕は建築家として心がけているのです。

フォルコラが教えてくれたもの

自動車が一台も走っていない水の都、ヴェネチアを旅してみつけた「フォルコラ」は、僕にとって、かけがえのない宝物です。フォルコラというのは、運河を自在に動くゴンドラを運転するためのオールを引っ掛ける美しい木製の道具です。その流線的なフォルムを、一目見た時から心がすっかり虜《とりこ》になりました。ゴンドラを漕《こ》ぐためには、なくてはならないフォルコラは、見た目がただ彫刻的に美しいだけでなく、その造形に根拠があったことに、僕は驚嘆しました。

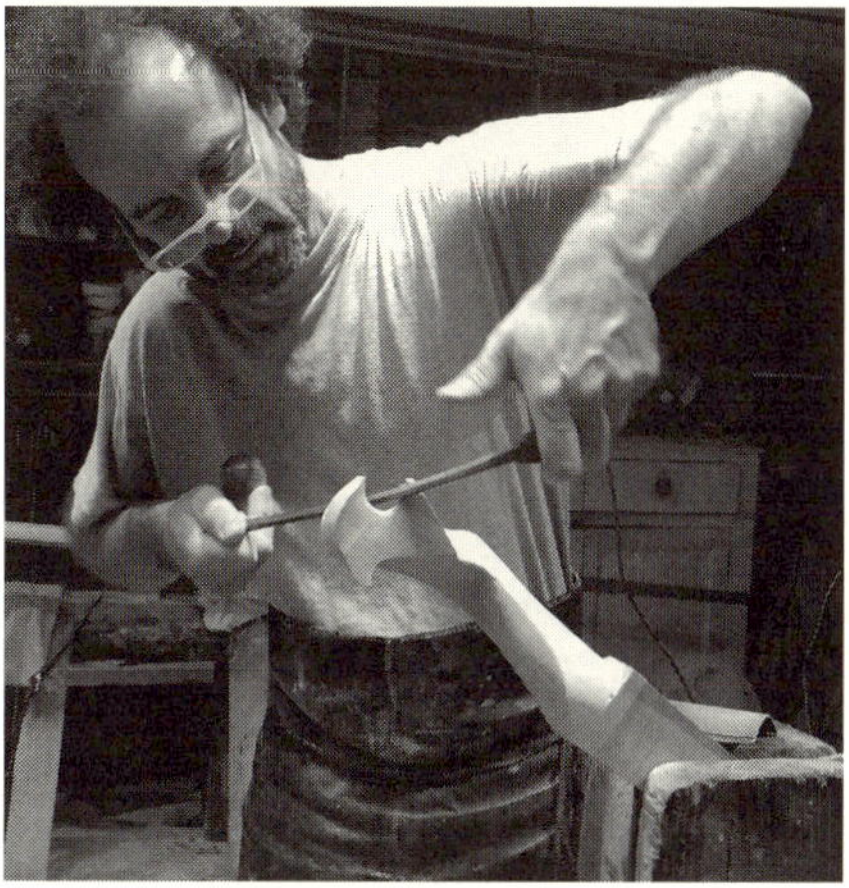

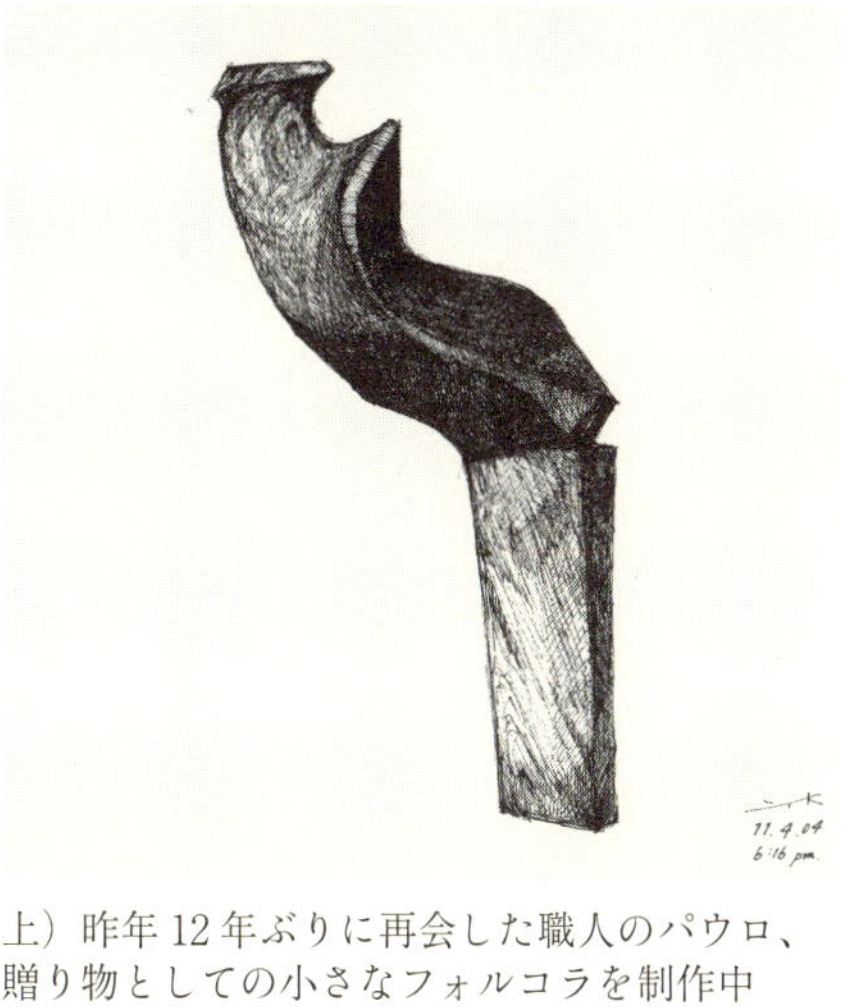

上）昨年12年ぶりに再会した職人のパウロ、
贈り物としての小さなフォルコラを制作中
下）ヴェネチアの工房で描いたフォルコラの
スケッチ

興奮しながらゴンドラ乗りにフォルコラのことを聞き出して、細い路地をくねくねと抜け、運河に架かった小橋を渡り、パウロという職人が働く小さなフォルコラ工房にたどり着きました。気さくなパウロは、ぎこちない英語で、フォルコラのことを丁寧に教えてくれました。すべてのフォルコラがここヴェネチアでつくられていること。工房は、ここともうひとつのふたつだけで、およそ二年間乾燥させたウォルナット材などを三日間かけて一本ずつ彫り出していくこと。仕事の多くは、新しいフォルコラをつくることよりも、使い慣らした古いものを修復することだそう。そして、その造形には、すべて理由があるというのです。

つまり、ゴンドラをまっすぐ進める、左右に旋回《せんかい》させる、その場で止まっているなど、七種類もの漕ぎ方をフォルコラは、アフォード（提供）していると言います。しかも、それぞれのゴンドラ乗りには、癖のようなものがあり、それぞれにフォルコラをずっと手入れしながら二十年以上も使い続けるらしいのです。

だから厳密に言えば、ひとつとして同じフォルコラがない。目に見えるフォルコラの物体としての美しさは、じつのところ、機能的な根拠をもった強度ある美しさだったのです。

学生時代から設計課題に取り組むときに、自分のデザインの根拠をいかにして説得力をもって言語化できるのかを必死に考えていました。ただ恣意《しい》的に造形を生み出して、どこかわかったつもりになりたくなかったからです。しかし、木の香りが充満する工房でのパウロとの短い対話は、僕にとって本当の美しさのひとつの理想を示してくれていたように思えました。

当時奮発して買ったフォルコラが、今でも僕の事務所のテーブルに飾られています。フォルコラを見ると、熱心に語りかけてくれたパウロの表情や、あの工房の雰囲気がありありと蘇《よみがえ》るのです。以後、ヴェネチアに行くと、必ずパウロの工房へ遊びに行きます。

フォルコラの背景に込められた不可視なものは、他人と容易に共有できないかもしれません。しかし、その物語を語り続けることができれば、それを僕から奪うこともまたできないでしょう。だからこそ自分だけの物語をしっかりと伝えることで、共鳴できる可能性が開かれていくのだと信じています。

チャンスを信じて

四十歳を過ぎても駆け出しと言われる建築家の世界ですから、やはり経験値がものをいうのはたしかです。でも経験値や、絶対的知識量とかではない部分が、創造に関わる仕事にとっては大きな可能性があると思っています。

クリエーション（創造）は、イマジネーション（想像）の量で決まるのではなく、むしろ質で決まる。豊富な経験によって出来上がってしまった常識をときに疑う必要があると思うのです。マジョリティーではなく、マイノリティーであることの自覚と、今まで誰も体験したことのない建築を目指す気持ちの問題です。表現するというのは、そうしたまだ見ぬ何かをつくり上げることにほかなりません。

自分の身体的直感を頼りに予想外の点と点を結び付けられたら、思いもよらない化学反応が起きることがあります。そこに、ポエジーの力が必要になるのです。本当に人の心を捉えるものは、この詩の力を媒介にして新しい何かをみつけた瞬間《とき》ではないでしょうか。


でも今、新しい建築がつくられようとするときのコンペは、意欲があっても若手にチャンスを与えず、むしろ閉じる方向に進んでいるように感じてなりません。東京五輪の新国立競技場のコンペもそうですが、一九九五年の阪神・淡路大震災もあり、法律がとても厳しくなったことも小さくない要因でしょう。

事業者はプロジェクトに莫大《ばくだい》なお金、それも税金を投入するため、設計者選びのコンペでとにかく失敗したくないのは、理解できます。しかし、そのことばかりを心配していると、図書館とか体育館とか美術館などの公共建築をつくる際に、デザインや建築の本質はひとまず横に置いて、設計者の経験値が判断基準の最優先項目になってしまうのです。それがとても残念であり、強い違和感を覚えます。

新国立競技場のコンペなど、〝FOR ALL〟と大きくプリントされた新聞の一面広告の中に、〝「いちばん」をつくろう。〟という民主的なキャッチフレーズを掲げておきながら、世界的な建築賞の受賞者など信じられないほど高いハードルの応募資格が設定されていました。これには、びっくりです。独立したばかりの若手にはノーチャンス。

フランスを拠点に活躍されている田根剛《たねつよし》さんという同世代の建築家は、上手に実績のある企業とタッグを組んで提出する（古墳をイメージした意欲作）というスマートな選択をしましたが、いずれにしろ、社会は安全な方へ、リスクを負わない方へと確実にシフトしていることに強い危機感を覚えるのです。

今まで美術館を建てたことのない人には、新しい美術館は設計させない。過去に美術館をつくった実績のない人には、魅力的な美術館などつくれっこない、と。コンペの資格がそのようでは、若手建築家がリングにも上がれなくて、どうしようもありません。そもそも、どんな巨匠建築家だって、はじめての美術館というものがあったはず。そうした扉をなるべく多くの人に開けて欲しいと切実に思うのです。

内田先生と出会ったときに言われたのは、むしろその真逆のことでした。
「光嶋君、道場建てたことないの？　でも、誰にでもはじめての仕事というものがあるので、きっとはじめてだからこそ、一生懸命頑張ってくれるよね」という温かいお言葉をいただきました。これは、本当に嬉《うれ》しかった。

建築家として独立してはじめて「承認」された瞬間でもあったからです。内田先生からの祝福に対して、最高の建築をデザインしようと鼓舞されました。そんな大きな期待に応《こた》えようと、試行錯誤を重ねながら完成したのが《凱風館《がいふうかん》》です。

親子ほど年が離れていますが、先行世代からの重要なバトンを受け取ることで、文化は熟成すると信じています。だから美術館も、図書館も、音楽ホールも、公共建築だって設計者の経験値だけが重んじられるのではなく、大いに若手にもチャンスを与えて欲しいものです。はじめての人には不安要素も多いでしょうが、はじめてだからこそ開かれる可能性の方を信じたい。

絵をたくさん描いて、はじめて個展をする、とします。え？　あなた個展したことないの、じゃあ、やめようか……って。それでは新しく「何か」をするということなど不可能になってしまう。いまの世の中、最初の扉がすごく開け辛くなっているのではないでしょうか。リスクを負わないで、安全な方を選択するというのは、自分の理解できる範疇《はんちゅう》でしかものごとを考えない消費者感覚というところに原因があるのではないでしょうか。つまり、なんでも等価交換で考えてしまう窮屈さにこそ、問題点があると思うのです。

僕らは子どもの頃からずっと消費活動をしながら育ってきました。百円支払えば、百円のジュースがもらえる社会。経済交換、等価交換を中心にした消費者感覚によって世の中が回っていることが、幼いときからずっと骨の髄まで植え付けられてしまっています。

学校でも、これをしたら先生に褒められるとか、友達にこれをしたから今度はお返しがもらえるはずだとか。本当はもっとAからB、BからC、CからDとまわってくることもあるし、返ってこないものだってある。思いがけず違った形で返ってくることだってしばしばあるのです。等価交換だけでなく、物事には複数のレイアー（位相）があるのだという価値観になかなかなれないのかもしれません。

2　排除しない雑多な価値観をもつ

はじめて就職した設計事務所があったベルリンという街には、本当に雑多な人たちがいました。住んでいた四年間に、いろんな価値観を持った人たちに出会いました。日本人としての僕は、ドイツ社会においては異分子です。

アメリカにいた時も、周りには、スティーブンとか、ジェニファーなど、眼が青かったり、金髪だったりと、いろんな人がいる中で自分は見た目からして「みんな」と違っていました。共同体の中で、自分が異分子だということを子どもながらに感じていました。「アウトサイダー」であることによる小学生のコンプレックスは、それほど根深くありませんが、二度目の海外生活となったカナダでは、中学生だったということもあり、そう簡単ではありませんでした。恋愛をすると、はっきりします。

つまり、好きなのに、その気持ちを相手に伝えられない。クラスのアイドルみたいな娘《こ》に恋い焦がれるも、彼女にはかっこいい奴が釣り合うと自分で勝手に決め付けてしまっていました。そこにどうしようもないコンプレックスを感じていました。

みんなと違う自分には、完全に不釣り合い過ぎる恋だ、と自分で思ってしまい、躊躇《ちゅうちょ》してしまったのです。中学生の僕には破れなかった厚い壁でした。

ところが、ドイツに行ってはじめて社会人としてベルリンで働いた時には周りの風景が不思議と違って見えました。俺は日本人で、周りはドイツ人やイギリス人、トルコ人、ギリシャ人などいろんな国の人がいるけれど、そうか、そもそも、みんな違っているし、それぞれ違っていていいのだと。そもそも、異邦人だと勝手に自分が思っていただけで、むしろ、それぞれが違っていることを肯定されているように、改めて気付かされました。

社会という共同体も含めて、雑多な価値観が同居することで不思議な豊かさが担保されていると思うようになりました。ベルリンに住んでいる人を総称で「Berliner（ベルリナー）」と呼びます。そんなベルリナーは、みんなと違っていることに誇りをもっています。それぞれがちゃんと自立していて、他人と違っていることが自然だったのです。社会の健全なあり方に見えました。何かを排除して、表層的な調和をつくることができたとしても、そこには本質的な美しさはないと。

拙著『建築武者修行』の中で舞踏家のピナ・バウシュについて書きましたが、彼女のタンツ・テアター（ダンスと演劇を融合したような表現形式）の舞台をはじめて観たとき、その優美なる世界に心奪われたのも、やはり多様さの放つ輝きだったように思います。もともとダンサーというのは、みんな手足が長くて、美しい身体の持ち主というイメージだったのですが、ピナ・バウシュのカンパニーでは、実に多様な人たちが舞台の上で踊っていました。見た目もダンサーらしくない人や、年齢、人種もいろいろ。みんな本当にバラバラだった。

でもそれが踊りの中で鮮やかに音楽と調和したり、バラバラのままだったりする。それぞれが踊っていると、あるパートではピタッとみんなが同じ振付でシンクロして踊ったかと思うと、また別のシーンではそれぞれ全く違ったダンスを披露したりしていました。その雑多な風景を眺めながら、そこに世界の縮図を見たのです。先入観が取り払われた瞬間でした。いま目の前で見ているのは、ベルリンの街そのものだと思ったのです。

つまりみんなそれぞれに見た目や、考え方も違うけど、時々一緒になったり、また離れたりもしながら、共存している。みんなが違っていることをコンプレックスに思うのではなく、積極的に違うことを受け入れて、同居する方が強度ある共同体だと思うに至ったのです。雑多なものが習合することによって獲得される強度があります。

自分はあの人たちと違う、あの人たちは輝いているように見える、それに比べて自分は……と、劣等感を感じていた中学時代と違って、いま、俺は俺のフィールドをちゃんと開拓していけばいいのだ、と感じるようになっていました。要するに、そもそも他人《ひと》と自分を比較することをしないということかもしれません。

何かを排除することでつくった表層の統一感よりも、ときにノイズのような雑多なもの、異物をも同居させることの方がよほど豊かなのではないかと思うようになって、ずいぶんと気が楽になりました。

いささか唐突ではありますが、十九世紀のロシアで革命家として活動していたピョートル・クロポトキンの考え方が、こうしたことを考える際に参考になりました。彼は、『相互扶助論』(大杉栄訳、同時代社、一九九六)の中で、ダーウィンの進化論に触発されながら、人間の進化について、こう結論付けています。

個人的闘争をできるだけ少なくして、相互扶助的習慣をもっとも多く発達させている動物の種は、必ずその個体の数ももっとも多く、もっとも繁盛し、かつもっとも進歩に適している。

つまり、種の進化において、弱肉強食の論理のもとで、弱い者が淘汰《とうた》され、強い者が残るという考え方が否定され、多様性を担保しながら、互いに扶助する共同体の方が進歩するということを宣言しているのです。クロポトキンの考えは、なにも人間の集団形成のみならず、自分自身のふるまいにおいても、示唆に富んでいるように感じてなりません。

だからこそ、その時々に、自らと周りの他者との差異を認め、どういう出会いが向こうからやってくるのかを、見極めること。自分では制御不能な、その川の流れの中に多様な可能性が潜んでいると思うと、それを感知する身体感覚をこそ意識するようになりました。

青のなかの赤

四年間働いたベルリンの設計事務所は、とても自由な空気が流れていて、ものをつくる方法という点において、大学院時代を過ごした《世田谷村》とはずいぶん違う環境でした。

まずボスがふたりいました。「ザウアブルッフ・ハットン・アーキテクツ」は、ドイツ人のマティアスと英国人のルイーザという夫婦が主宰する百人以上のアーキテクトが働く設計事務所でしたが、いろんな意味でオープンな職場でした。チームを組んで、みんなで意見を出し合いながら、構造家や環境のスペシャリスト、ランドスケープデザイナーなどさまざまな人と協働しながら建築をつくっていきます。

多くの人の意見がテーブルに載り、そこから議論を重ねて、最終的に最も良いと思われるデザインを選ぶのは、ボスの決断です。それぞれが自信をもっての議論は、論理的で簡潔に進められ、馴《な》れ合いで仕事するような場ではありません。むろんピリピリしているわけではありませんが、各々が歯に衣着《きぬ》せぬ意見をぶつけ合う環境は、とても刺激的なものでした。

図面や模型による多面的なスタディーは、クライアントにとって「ベスト」な提案をするための選択枠を最大化できる対話の場所です。リスペクトに基づいたプロ集団による協働作業は、とてもエキサイティングな時間でしたが、あるときから、最終決断を自分が下し、クライアントとも対等に話せるようにならないといけないな、と自覚するようになりました。建築を設計するための舵《かじ》取りを自ら握るための責任と覚悟、そのためには母国である日本に帰国しないといけないと感じるようになっていました。

手紙を書いて、面接してもらい、インターンとして雇われて、三ヶ月後にアーキテクト採用されてからは、あっという間の四年弱でした。二十代後半が僕にとっては、建築家としての修行期間。自分の将来について、また考えていると不安になってきました。毎日の生活は充実しているのだが、ずっとこのままベルリンで安住していていいのだろうかと。

仕事のない日曜日の午後に、近所のマウアーパーク（ドイツ語。直訳すると「壁公園」）をよく散歩していたのです。これからどうやって建築家としてやっていくことができるのか、想像を膨らませていたのです。石山さんとザウアブルッフ・ハットンというふたりの師匠の背中を見て、自分も「同じリング」に上がりたいという気持ちが日に日に強くなっていく。

学生時代から漠然と「三十歳までには独立したい」という何の根拠もない思いを、少しずつ現実的に意識するようになったのには、ベルリン生活がとても順調だったということに起因しています。つまり、ドイツ語も話せないし、友達ひとりいない、頼る人が誰もいない完全な孤独から始まったベルリン生活は、四年近くの歳月と共に、自分の中に小さな変化を及ぼしました。


突然ですが、「色」にたとえてみたいと思います。

日本人として、アメリカに生まれ、海外生活も長い僕にとって、歴史あるヨーロッパの国々は、「青色」に見えました。僕自身や、日本的なものは「赤色」ということにしておきましょう。

旅を通して、ヨーロッパの文化に触れ、建築への憧《あこが》れとともに、旅ではなく生活がしたいと思ってエントリーシートから始まる就職活動を一切しないで働いてみたいという五人の建築家に手紙を書きました。最も敬愛するスイス人建築家のピーター・ズントーには門前払いをされてしまいましたが、運良く第二希望のベルリンで職を得て、念願の欧州生活が始まると、案の定赤かった僕は、少しずつ青い文化に染まっていきました。そして、境界線上から徐々にゆっくりと紫色に変化していきました。


青になりたかった僕は、紫色に染まっていく自分が嬉しくて、ドイツ語も学び、新しい自分を開拓するような感覚から、(ジャズ好きだった僕が) 聴いたこともなかったクラシックコンサートに行くようになったり、ろくに言葉もわからないにもかかわらず芝居に興味をもち劇場に通うようになったりして、意識的に自分を拡張していきました。どんどん青色にダイブしていったのです。

自分が何物であるかを知るためには、色とりどりなものと積極的に接触し、変化していくことでしか「自分なるもの」は見えてこないと思うのです。ベルリンという都市で雑多なものに囲まれていると、アートにしろ、音楽にしろ、服装にしろ、食わず嫌いのように、はなから何かを決めつけることをしないで、なんでも「やってみればいい」と思うようになりました。特別な動機など必要ないし、つまらない先入観などいとも簡単に壊せるのです。

そのためには、昨日の自分とはちょっと違う自分になっていることを楽しむこと。すると、目の前の現実も波のように日々変わっていきます。いつだって新しい自分に出会えることは、粘土のような「可塑性《かそせい》」を自覚することからはじまります。そうして変化し続けていると、本当に好きなことだけは、ずっと継続できるようになります。


ハンス・シャローンの設計した（ヴェンダース監督の『ベルリン天使の詩』の舞台でもある）素晴らしい図書館で会員登録し、仕事帰りに勉強したり、コンテンポラリー・ダンスのパフォーマンスを観に行ったり、蚤《のみ》の市を散策してアンティークミシンなど古い機械に興味を持ったのもベルリンではじまった習慣です。環境は人を変えるもの。そうして、自分なりのベルリン生活を更新していく中で、仕事も順調で、給料も上がり、友人もできて、満足いく生活が送れるようになっていました。自分の居場所ができてきた思いがありました。

しかし、美味しい珈琲《コーヒー》が飲める行きつけのカフェができ、いつも買い物をするスーパーもあり、犬を散歩する近所のおばちゃんとも挨拶を交わし、週末には銅版画工房で自分の作品をつくったりして、ものすごく充実した時間を過ごしていたものの、漠然と将来のことを考えたときに、自分が一生このままドイツにいる姿がイメージできませんでした。

なにより、周りの青さが気にならないくらい日本人の自分を受け入れてくれたベルリンにあって、ボーダーから紫色に変わっていったとしても、僕の中心にある赤い部分は、常に赤いということに、ふと気付かされたのです。

生活において、英語やドイツ語を使うようになっても、頭で思考するのは、(毎日の日記を書くのも)日本語であり、建築家としてあらゆる「決断」に覚悟と責任をもってクライアントと対等に対峙《たいじ》できるのは、やはり日本なのではないか、と直感しました。

三十歳までに帰国して自分の看板を立てるときが近づいているのではないか、と切実に思い始めていました。それは、四年近いベルリンという重層的な魅力を放つ多様な都市での生活は、青に憧れた自分の境界線をこそ赤から紫に変色させたけれども、自分の中心にある「赤」は、それほど変わらなかったということを意味します。

むしろ、周りが青いということで、自分の中にある赤がコントラストをうみ、よりくっきり認識することができたように思いました。日本を離れてこそ、日本のことをより考えさせられたということです。

ある意味では、理想の生活をベルリンという街で手に入れたのだが、このまま安住していてもいけない。いよいよ「ベルリナー」を卒業し、次のステージにいくためには、帰国するしかないと思ったのです。自分の内側に、独立への熱い思いをふつふつと感じていました。落書きだらけのベルリンの壁が残るマウアーパークを散歩しながらたどり着いた僕なりの小さな答えでした。果たして独立してやっていけるのか？　という大きな不安を抱えながらも、自分でしっかり自立して建築をつくってみたい、という思いに突き動かされて、原点に立ち返ろうと思いました。

越境者《えっきょうしゃ》の先人たち

「青のなかの赤」という具合に自己のアイデンティティーを表現したように、僕はアメリカという外国にいて自分が日本人の両親から生まれたということを大人になって、よく考えるようになりました。学生時代に世界の建築を旅して、ヨーロッパの中心にあるドイツのベルリンという街で異邦人として移住し、働きはじめると、自分の中心にあるものが捉えたくてもなかなかわかりづらいからです。一体、自分の文化的よりどころは、どこにあるのか、と。

このようなことを考えるときに、敬愛する芸術家のイサム・ノグチのことをよく考えます。ノグチは、日本人の父とアメリカ人の母から生まれたことで、育った場所だけでなく、血によっても宿命的に分断されたアイデンティティーを、圧倒的な創造力でもって文化的な根っこまで探求し、自分の芸術を深めたことで優れた作品をつくり続けた彫刻家です。

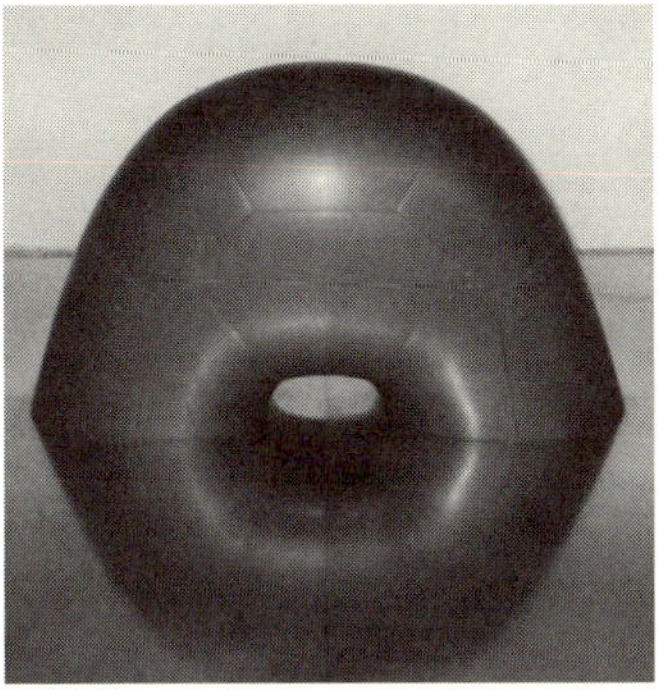
丹下健三の《広島平和記念公園》のために計画するも、猛反対を受け幻となったイサム・ノグチ（地の文より）の作品《Memorial to the Dead of Hiroshima》（1952）

ノグチの生前のアトリエを庭園美術館にしたものがアメリカと日本にそれぞれあります。ひとつがニューヨークのロング・アイランドにあり、もうひとつが香川県の牟礼《むれ》にあるのです。このふたつのガーデン・ミュージアムに漂うものが、西（アメリカ）と東（日本）の文化を一人の芸術家によって見事に折衷したものであり、じつに素晴らしい。とりわけロング・アイランドにある《広島の死者の追悼のための試作》と牟礼にある《エナジー・ヴォイド》という大作には、言葉では言い表せないとてつもなく深いものを感じます。たまたま両作品に共通するものとして、中心がくり貫《ぬ》かれていることが挙げられる。僕には、それこそが日本的な「無」が結晶化された彫刻に思えてなりません。

いかなる理由であれ、国家という枠を超えた越境者として、イサム・ノグチは、多くの葛藤を乗り越えて、その魂を石に込めながら彫り刻んだのです。

僕も建築家として魅力ある建築をつくるための哲学を育《はぐく》む種として、国境を越えて戦ってきた日本人たちに強く惹《ひ》かれます。音楽家の小沢征爾《おざわせいじ》が西洋のクラシックという世界に日本人として果敢に挑戦し、独自の旋律を奏でてきたように、あるいは、絵画のレオノール・フジタが浮世絵のようなフラットな日本的手法でもって作品を発表し、パリで活躍したように、東西の文化的葛藤に大きな可能性を感じています。それは、表層的なジャポネスクに陥らずに、深く文化の根っこの部分において、なにかを世界の他者と共有できるような強度を、自分の創造のよりどころにしたつくり手たちだからです。

ベルリンを拠点にして、日本語とドイツ語で創作する小説家の多和田葉子《たわだようこ》さんの文学にも同様に、越境者としての自由と多様性が感じられ、強く惹かれます。
自国を飛び出して身につけたモザイク状の色が、日本に帰ってきて容易に薄れたり、もしくは消えてしまったりしないように、この文化の根元的な部分をしっかりと手放すことなく、西洋的な美学と日本的な美学の均衡《きんこう》を追求したいと思っているのです。単なる赤ではなく、青をまとった赤であり続けたいということかもしれません。

合気道で学んだこと

さきほど僕は建築をつくる上で大事な三つの条件が、時間とお金と技術であると言いました。けれども、「人間」がいなければ建築はそもそも成立しない。どんなに魅力的な建築をつくっても、人がそこにいなければ、空間として認識もされず、あるいは廃墟《はいきょ》と同じになってしまいます。

僕はレクチャーをいつもここから始めます。

「空間とは何か」というプリミティブな問いから考えてみよう、と。

空間というのは何もない空気（ヴォイド）のことですよね、という人と、壁と床と天井（マッス）で囲われることが空間の条件だ、という人もいて、正解のない問いです。この正解のなさ、もしくは、わからなさが僕にとっての建築の面白さでもあると思っています。

現時点で僕の中で一番しっくりくる答えが「人間がいることによって空間が発生する」ということ。

廃墟でもなんでも、そもそも人間が存在することではじめて空間を感じることができます。そこの空気を介して、あるいは壁・床・天井を介して建築を体験するということは、当たり前ですが、人間が中心にいて成立するという前提に気が付きました。

とすると、空間を知覚するわたしたちの身体感覚の精度が問われてくるのではないのか。先に「空間に依存する」と言ったのもそのためです。

視力がいい人は眼を、嗅覚が鋭い人は鼻を、聴覚に秀《ひい》でた人は耳を、味覚が優れた人は舌を、触覚が敏感な人は皮膚感覚を通して世界を感じています。こうした五感のすべての身体感覚こそ、古《いにしえ》の頃から人間に備わっていたという意味においても普遍的なことであり、建築空間を認識する方法を考えることがこの問いに対する大事な拠り所だと思っています。

そこで合気道のお稽古をはじめたことが、僕に沢山の気付きを与えてくれました。凱風館が竣工してはじめてのお稽古を見学させてもらったときのこと。

今までは「他者への想像力」を手がかりに設計していた道場が、ついに完成し、内田先生とその門人たちへと届けられました。みなさん、生き生きと楽しそうに畳のい草の香りがする新しい道場の中でお稽古していました。

ああ、合気道ってこういうものなのか、とはじめて実感が湧《わ》いてきた瞬間です。僕が設計者としてイメージしていた空間が、こうして実際に使われ、みんなの顔に浮かぶ笑顔を見て、ホッとしました。同時に、はじめて目にする合気道というものがとても眩《まぶ》しく見えたのです。

自身も道場を主宰し、合気道の指導員でもある妻（四段）に投げられる著者（凱風館にて）

このとき、地殻変動が起きました。

俺も、やってみたい……。内田先生に弟子入りを志願するのに、そう時間はかかりませんでした。

道場に足を踏み入れる際に、まず正面に向かって「お辞儀」をします。既に誰かが居ても居なくても、はじめに道場に挨拶をするのです。道場の正面には、合気道の生みの親である植芝盛平《うえしばもりへい》先生の写真があり、神棚もあります。道場に入ることは、武道のお稽古をする場所であるのと同時に、こうした見えない何かにつながることでもある。礼儀作法の大切さをはじめに教わりました。

合気道をやるようになって驚いたことは、今まで自分の身体に備わっていたことさえ知らなかったセンサーを発見していったことです。僕は視力が良いこともあって、極端に視覚情報に頼っていたことに気付かされました。集中して精神を統一したり、深い呼吸法をやったり、心を透明な状態にしようとすることは、自分のあらゆる身体感覚を研ぎ澄ます行為にほかなりません。

具体的には、準備体操と呼吸法をしてから、技のお稽古をするのですが、技をかける人（取り）と技をかけられる人（受け）の二人一組でやります。取りと受けは、手で一点（氣《き》の結び）だけ触れ合いながら、入力された力を互いに感じ、同化するように身体を使います。自分が極度の緊張状態や、力の入った力んだ状態では、瞬時にそれが相手に伝達され、反作用となって返ってきます。

つまり、自分自身が柔らかく、身体を上手に使わなければ、相手もなにかしらの違和感やこわばりを感じながら受け身をすることになります。二人の呼吸がピタッと合気した瞬間に、共身体が構築され、なんとも言えない一体感があるのです。身体を覆う皮膚が兼ね備えたセンサーが自然と感度を上げる状態と言えるかもしれません。そのためには、胸を落とし、肩や腰を入れるといった全身の力が均質に整った心地よい振動が流れるように、相手に伝える必要があります。それは、全身の感覚を総動員して、相手と瞬時に同期するということなのです。

二時間弱、多くの合気道の道友たちとお稽古していても、本当に同化的にお稽古できる瞬間というのは、そう長くはありません。ただ、自分の内側に起きる微細な変化を丁寧にモニタリングすることに終わりはないのです。受けてもらっている相手が、まさに自分を点検するための「鏡」の役割を果たしていることに、はたと気付きました。他人を介して、普段自分には見えていないところが見えるような感覚があるのです。

心が透明になった状態を探るようにして、日々お稽古の中で身体感覚の開放と精神状態の安定を探求する自分との終わりなき対話が、現時点での僕にとっての合気道の意義だと思っています。

道場に対して挨拶する行為や、神棚に手をあわせることが宗教的な営みというより、むしろとてもフィジカルなこととして、身体的な皮膚感覚を開放することだということを少しずつ知ることとなりました。

比較考量を超えて

とりわけ男三兄弟の真ん中として育った僕は、日々「争う」ことが骨の髄まで染み付いた生活を送ってきました。食卓に並んだトンカツのお代わりを誰よりも早く食べることからはじまり、兄がバッシュ（バスケットシューズ）を買ってもらったと知れば、俺だって買ってほしい……とか。兄には負けたくないし、弟にも、絶対に勝ちたい。だからすべて比較考量しながら育ったように思います。

喧嘩《けんか》で腕力を比べ、スポーツで運動神経を比べ、クイズで頭脳を比べ、ゲームで技を比べる。全部が競争という関係の中で成立し、勝ち負けがあるものばかり。学校の成績も、入試だってまさにそうです。僕たちは、競争しながら育ってきたのです。小学校の卒業アルバムに自分の長所を「負けず嫌い」と書いていました。

しかし合気道には勝ちも負けもないし、そもそも試合がありません。強弱勝敗巧拙を競わないのです。

では、何のためにやるのか？

強くなりたいから、ダイエットになるから、いや、違う。〇〇のために合気道やっていますという明確な目的が、不思議と僕にはないのです。目的があれば継続できるのに……と思われるかもしれませんが、むしろ逆でした。はっきりとした理由がないからこそ、日々のお稽古の中で毎日新しく違った何かをみつける余白が沢山できるのです。

だから合気道は、やればやるほど全体像らしきものはわからなくなる感覚があります。技も少しずつ身体が覚えますが、護身術でもなければ、なにか「氣」が絶対的に感じられるようになるとかでもないように思います。ただただ楽しいのです。それは、ひとえに内田先生という師のおかげであり、一緒にお稽古する仲間がいるからでもあります。何のためにやっているのかわからなくても、やればやるほど不思議とどんどん合気道が好きになり、日々の生活になくてはならない存在になっていました。いうなれば、せめて合気道をしているときくらい、日頃の査定社会とは別の態度でお稽古に挑もうと思っているのです。

内田先生の師である多田宏《ただひろし》師範はお稽古で「合気道は、生きる知恵と力としての生命力を高める武道である」ということを仰いますが、この「生命力」という言葉が鍵《かぎ》だと感じています。これは、生き延びるために各自がそれぞれ高めなければならないものであり、誰かと比べたりする類のものではないことが肝なのです。内田先生もよく「危機的状況に対面したときに、どうやって生き延びるか、それが武道の基本問題」だと教えてくれます。

僕は三十二歳で合気道に出会いましたが、それまでは、なんでも強弱勝敗を争う競争社会で生きてきた人間でした。誰かに負けたくないというモチベーションで努力したこともありましたが、そうした不安や恐怖、嫉妬に基づいた「負」の動機は長続きしません。何かを壊す負の力より、何かを緻密に構築する正の力の方が健全なのです。というのも、強弱勝敗を競うものには必ず終わりがあります。試合によって結果として勝ち負けが最終的にあるからです。

しかし危機的状況になっても生き延びるために、自身の生命力を高める武道が面白くてしょうがないのは、「これで大丈夫」というデジタルな基準が存在しないということに尽きます。お稽古に終わりがないということが、なにより圧倒的な魅力となっています。

多田師範のお言葉の中でも、僕がとりわけ好きなものがふたつあります。

ひとつ目が「心という音楽家の奏でる楽器として身体を扱い、その身体全体に響きを通す」というもの。深い呼吸を介して、世の中に隈《くま》なく遍在するエネルギーを身体に取り込んで、その生命力によって自分の心を透明にするというのです。

ふたつ目が「道場は楽屋であり、道場を出てからそれぞれの道場を主宰しなさい」というもの。つまり、合気道を通してそれぞれが手にした測りようのない智慧《ちえ》は、それぞれがお稽古をしていないときに発揮されるという形でしか認識できないということを教えてくれるのです。医者には医者の、弁護士には弁護士の、漁師には漁師なりの合気道的ふるまいというものがあるのではないか、と。

僕も建築家として働く上で、合気道から得た智慧を活用したいと思っています。それは、誰かと自分の能力を比較考量することではなく、自らの内側へと視線を向けることです。お稽古を通じて自分の身体を整えていくことが基本にあるのだと思うに至りました。

何かと自分を照合しないで、自分自身の内なる声に正直であることの方が、よほど自由だと思うようになりました。集中して心を透明にすることで、なにごとに対しても高いパフォーマンスを発揮したい。

さらに身体感覚を研ぎ澄ますことで、今まで感知することのできなかった微細なシグナルまで受信できるようになったりします。お稽古をする前に道場にお辞儀をする作法からはじまって、不可視なものに対するセンサーを開放することで、建築家として多くの気付きを与えてもらえたように感じているのは、そのためです。

新しい価値観と出会う

競争しながら勝ち負けに強くこだわって生きてきた僕は、合気道に出会って、そもそも比較したり、優劣をつけたりすることに対して疑問をもつようになりました。オリンピックのメダリストが、勝利の陰には必ず死ぬほどキツイ練習があったことをメディアが繰り返し報じるように、勝者の物語は、強い共感を生みます。努力は報われるということは、たしかに美しい話です。

しかし、勝ち負けの世界では、たった一人の勝者に対して無数の敗者をつくり出してしまうもの。報われない努力も沢山ある。この強弱勝敗だけに捉われていたら、ものすごく窮屈で、単純な価値観しか芽生えないように思います。本当に、強い者が勝ち、勝つ者はえらいのでしょうか。

しかし、合気道を通しておぼろげながら感じるようになったのは、それぞれに立派な価値観があるのではないかということです。他人から見たらマイナスなことも、自分にとってはプラスかもしれない。スポーツの魅力もまた、単純に勝ち負けや記録としての成績以上に、大切なものがもっとあるのではないでしょうか。

そんなことを考えていた時に、一冊の本に出会いました。京都大学で教鞭《きょうべん》を執っている山極寿一《やまぎわじゅいち》氏の『「サル化」する人間社会』（集英社インターナショナル、二〇一四）です。そこには、霊長類研究者として長年にわたってゴリラを研究して発見された事実が、数多く書いてありました。アフリカの熱帯雨林の山の中に入って、ゴリラと実際に生活を共にするフィールドワークを通して山極さんは、ゴリラ同士の喧嘩を観察しながら、次のような発見をします。

ゴリラのすごいところは、相手を受け入れる能力だけではありません。「負ける」という概念を持たないことも、特筆に値する特徴です。

ゴリラは誰を相手にしても「負けました」という態度をとらない。そんな感情もないし、そういう表情も備えていません。

これこそ、強弱勝敗巧拙という対立を超えた合気道の世界観と共鳴すると、僕は読みながら興奮しました。およそ千五百万年前のヒト科共通先祖から進化の過程をたどっていくと、人間のＤＮＡとゴリラのそれは、九十八パーセント近くが同じだそうです。同じ種の元から進化していったとされる人間とゴリラだけに、この対比には、強い説得力を感じます。また、絶対的な優劣をつけて集団行動するサルとも比較しながらゴリラの魅力への洞察は、このように続きます。

人間は立場によっていろんな表情を作って、相手との関係性を築きます。とてもかなわないと、相手に屈服する。ここで負けてもほかでは勝とう、という心を持つ。人間は本心では相手に負けたくなくても、将来的な勝ちを見越してその場では負けたふりをすることもあります。ところがゴリラにはそういう面が一切ない。絶対に負けないのです。

（前掲書）

この優劣なきゴリラの負けない社会に大きな可能性を感じます。それぞれに違った価値を認め、それぞれに頼り、頼られながら共存する豊かさを野生のゴリラたちは、私たちに教えてくれているのかもしれません。クロポトキンの相互扶助論とも合致します。それは、合気道における、執着しないであらゆるものに同化的である態度にも響き合うものとして、僕には理解できました。

伊達眼鏡《だてめがね》を外す

さきほど、僕は視覚情報を頼りにし過ぎることを書きましたが、実は少し前までは、人前に出る時にいつも眼鏡をかけていました。

というのも、僕は幼い頃から目が良くて、(ろくに本も読んでいませんでしたから)眼鏡をかけることに憧れをもっていました。だから、イベントなどで人前に出るときは眼鏡をかけることで、どこか「違った自分」になれるような、変身願望を満たしていたように思います。大袈裟《おおげさ》にいうと、眼鏡をかけるとスイッチが入って、魔法にかけられた気になる。それは、自信がなかったからこその自意識過剰の表れだったのかもしれません。

度の入っていない伊達眼鏡をかけると人に見られることを強く意識するようになり、それだけで何者かにならなければならないといった大きな気持ちになっていたように思います。どこか他人に対して対立的な態度でもありました。眼鏡の力を借りて、どこか賢く見られたいとか、なめられてはいけない、とも思っていました。

けれども、合気道をやるようになって、すっかり伊達眼鏡をかけなくなりました。ごく白然に眼鏡を必要としなくなったのは、何故《なにゆえ》か。

それは自分と誰かを比べるのではなく、ありのままの自分でいいと素直に思えるようになったからだと思います。他人をジャッジしないし、他人からジャッジされることを気にしなくなったのです。なるべく寛容でありたい、と言い換えてもいい。相手に対して対立するのではなく、なるべく寄り添って、同化的に接するためには、相手との距離感が大切になってきます。相手とのあいだに余計なものがない方が、なめらかに誰とでも接続できると感じるようになりました。


そもそも、広い意味で何かを見るという行為は、自分特有の「色眼鏡」をかけることではないでしょうか。人は色眼鏡を通してでしか外の世界を見ることができないとも言えるかもしれません。それは、常識という色眼鏡だったりします。

その見えない色眼鏡を意識して、自分の人格も含めて、なるべく自由（透明）でありたいと思うように心持ちが変化したのです。伊達眼鏡をかけることで実在しない「完璧な自分」を演じようとするよりも、自然体であることの方が豊かだと気付かされました。相互作用しながら共存するための仕組みには「完璧さ」など存在しないということかもしれません。

無矛盾であることは、ときに窮屈です。それより、ある種の柔軟さと寛容さを内包した仕組みの方がよほど強度あるものに変化し続けられるのではないか、と今では考えています。つまり、自分がかけている色眼鏡を確認し、上書きし続ける作業の方がよほど重要だと思うのです。

合気道のお稽古を通して、いつも心を透明にすることを心がけています。お稽古は、呼吸法からはじまります。ヨガのように、深く身体の奥底まで「氣」を通す行為は、自分がかけてしまっている色眼鏡を外してみる行為なのかもしれません。対象に執着する（武道では、これを「隙《すき》」と言います）のではなく、受け容《い》れながら共存するためにも、ありもしない自分であろうとする「背伸び」は逆効果です。むしろ、気持ちの切り替えは、眼鏡や服装など外的要因ではなく、内的な心の問題として意識するようになりました。集中力の高め方や自然体としての呼吸法など、内的なシフトチェンジを行うことで、自分の身体をなるべく精密にチューニングする方法をこれからもみつけたい。

いつか老眼にでもなったら、また本当に眼鏡をかけなければならないと思います。そのときに眼鏡に対してどのような感情の変化が起きているのか、今から楽しみに待ちたいと思います。

神戸との巡り合わせ

僕は、凱風館の完成とともに、内田先生の下《もと》に合気道の門人として弟子入りし、その後合気道家として少年部の指導など凱風館でも働く書生一号と結婚したことで、神戸に住むようになりました。北に六甲山《ろっこうさん》があり、南には瀬戸内海が広がる異国情緒にあふれるこの街が、すぐに好きになりました。二〇一五年には、首都大学東京での助教職が任期満了となり、ご縁あって神戸大学の客員准教授にもなりました。

実は、父が生まれ育ったのが夙川《しゅくがわ》であり、神戸は父の故郷《ふるさと》なのです。家族の会話が昔から関西弁だったのはそのためで、奈良に住んでいたこともあり、関西は昔からゆかりの地でした。凱風館をきっかけにして、僕が神戸で家庭をもつことになったことは、光嶋家としては、なんとも不思議な巡り合わせ。

加えて、神戸大学には、僕の師匠の石山さんとも盟友だった毛綱毅曠《もづなきこう》という建築家がいました。彼の仕事には、洋の東西にかかわらず膨大な教養に裏打ちされた圧倒的な世界観があり、まさに異形《いぎょう》の建築そのものでした。毛綱の先にも後にも、彼のような建築家は存在せず、彼のつくる建築は、生まれ育った北海道釧路《くしろ》を中心に母の家である《反住器》など、いつも異彩を放っていました。僕もご縁あって神戸大学にきたことで、毛綱毅曠という建築家を育てた神戸という街の空気を共有したいと強く感じています。

二〇一六年から設計事務所を移転させた芦屋《あしや》においても、そこは「具体美術協会」という吉原治良《よしはらじろう》をリーダーとして半世紀以上も前に前衛芸術家集団が結成された場所だったのです。「誰の真似《まね》もしない」ということをモットーに、抽象的な平面作品や立体作品、パフォーマンスに、インスタレーションなど他に類を見ない多様で実験的な創作活動を展開しました。その圧倒的なオリジナリティは、近代芸術において、日本発としては、唯一世界へ発信する強度をもっていました。近年「GUTAI（具体）」は、ニューヨークの近代美術館での回顧展をはじめ、国際的評価をグンと高めています。それが、このモダンであり自由な気質流れる神戸が発祥の地というわけです。

さらには、高校生の時に夢中になって読んだ村上春樹が幼少期を過ごした場所もまたこの芦屋なのです。僕の事務所から歩いてすぐのところには、僕が生まれた年に発表された村上春樹の初長編小説『風の歌を聴け』（講談社、一九七九）にも登場する「お猿の公園」のモデルとなったとされる打出公園があったりして、なんだか、妙に嬉しくなりました。

自分の仕事を好きになる

期せずして父の生まれた場所に戻り、尊敬する建築家の毛綱毅曠が教えていた大学で職を得て、敬愛する小説家が幼少期を過ごし、大好きな芸術家たちが結集した街で僕は、いま働いています。身が引き締まる思いです。そうした先人たちから連綿とつながる何か嬉しい巡り合わせを強く感じてなりません。

3　建築家の自分をつくっているもの

美しいものをつくるために美意識や思想としての哲学理論を磨くことと、実践としての建築を設計することは、違ったトレーニングを要します。

本を読んで先人たちの叡智《えいち》に手を触れて、頭で思考する部分がある一方で、そこから得た形のないものを手がかりに現場で空間をつくることでそれを実践していかなくてはいけません。建築家としての理論の構築と実務の実践というふたつの世界を合気道が繋《つな》ぐ役割をしているのではないか。そういった断片的なものが、いま建築家として働く僕をつくっていると思うようになりました。

建物を設計する建築家あるいは設計者、文章を書いて情報を発信する文筆家、絵を描いて個展を開く画家、大学で指導する教員、NHKの番組で話す出演者、この五つの仕事は、すべて僕の中で等価に存在しています。一切のヒエラルキーがなく、すべて同居しているのです。

絵を描いている時に、建築家なのに絵ばかり描いていて後ろめたいと思うこともなければ、文章を書いている時や先生業をしている時も、テレビに出ている時であっても、それぞれにたしかな必然性を感じながら仕事に対峙しています。すべて建築家として働く上でなくてはならないアウトプットだと思うのです。

テレビに出演するのも、文章を書くのも、伝えたいことがあるからであり、絵を介してでしか可能じゃないコミュニケーションは、建築を設計することを遠くから補完していると感じています。無形なるものから有形な何かを生み出す上で、最終形態が違ったとしても、本質的には同じことだと認識しています。

建築好きのアーティストだとは思われたくない。建築家の描いている絵ということが、僕にとってはとても大事なことなのです。

同様に、建築好きの著述家ではなくて、建築家の書いている文章であることがまた同様に大切なのです。だから建物を設計しなくなってしまうと、建築家でなくなってしまい、きっと文章だって、絵だって描けなくなると思います。

僕にとって、建築家であることがすべての仕事を、仕事たらしめている。アウトプットは、さまざまな形をしていても、「建築家」という職業に対してだけは人生をかける職業として、覚悟をもっている、と言えます。

よく「好きなことを仕事にできる人は幸せだ」というようなことを言う人がいますが、僕は逆だと思っています。

ご縁が向こうからやってくるように、仕事もまた自分が好きなことを仕事にするのではなく、目の前に与えられた仕事を好きになっていくと、自ずと上達するのではないでしょうか。現状を否定して、文句ばかり言っていても前進することはできません。現状を広い視野で正確に認識し、肯定的に捉えて健全な努力を続けていると、必ず好きになっていくサイクルがみつかると思うのです。

変化し続けながら前に進む

スポーツ一筋だった僕が、これほどまでに合気道にのめり込むなんて、昔の自分からはちょっと想像もできませんでした。自分でもまったく意外なほどです。一朝一夕《いっちょういっせき》ではなにも変わらないけど、オープンな姿勢であれば、人は簡単に変わることができるのです。自分のアイデンティティーは、ときに自分の壁となってしまうこともあります。ただ、自分の殻を破るのも、また自分だということを忘れてはならないです。

ちっぽけなこだわりを捨てることで、大きく変わるきっかけになる。描く前から「俺は絵が下手だから」と言って、描くこともしなければ、何もはじまりません。むしろ、未経験や不得意は、チャンスにさえなると思うのです。決めつけないで、やってみなければわからない。

だから、なにごとにおいても日々勉強。やりながら学ぶということは、まさに「最新作が最高傑作」という意気込みで臨まなければ、きっと何かをつくることなどできません。だから、好きなことを仕事にしようとするより、与えられた仕事を好きになり、それに没頭することでその能力を向上させた方がいい。

やりながら学べるという信念をもってさえいれば、自身が変化し続けることにつながります。つねに他人と仕事をする建築家として働いていく上でも、繰り返しになりますが、他者への想像力（イマジネーション）をもってすれば、魅力ある創造（クリエーション）が可能だと考えています。日頃自分が接している他人こそ、自分の写し鏡だと思うからです。

すごく自分から離れている価値観の人とでも仕事ができるのは、無関心ではなく、自分と違う価値観をも受け入れていかないと、成熟できないという思いがあるからです。だから、僕はいまのところ「他者への想像力」を建築家として働く上で最も大切にしています。自分という主体から始めるのではなく、他者から出発するデザインにこそ人を引きつける大切なものが共有される可能性が横たわっていると思えてなりません。自分を疑うように、なるべく遠い他者から発想することで、独りよがりのデザインが避けられる、と考えています。

それは、目の前の他者の中に自分をみつけ、自分の中の他者と向き合いながら偶発的な変化も含めて、自分を拡張する想像力をもつことではないでしょうか。

別に難しいことではありません。「自分だったらこうしてもらいたい」ということを前提に仕事に立ち向かう。仕事をしていく中でさまざまな人たちといろんなタイミングで出会い、それぞれのご縁を丁寧に結んでいく。

僕の中で設計者としていま考えていることは、きっと変わり続けるでしょう。むしろ、変わり続けなくてはいけないと思っています。

動的であることが自由であることを意味し、その時々でやっている仕事に誠意をもって全力投球することでしか、次の仕事などこないという危機感を常に持っています。

第三章　空間との対話

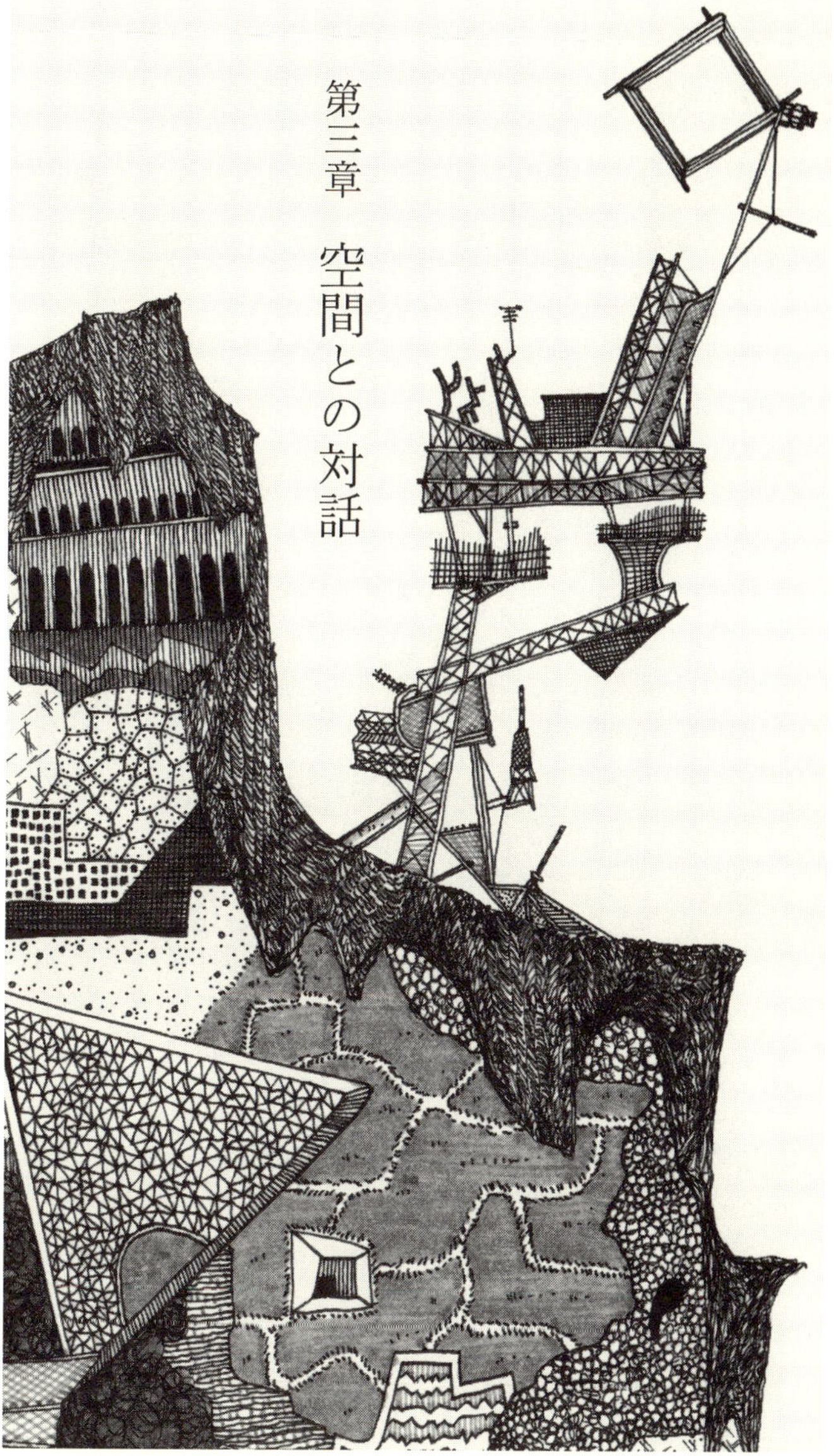

1　自分の建築について考える

神戸に内田先生の凱風館《がいふうかん》をつくっているときに、東北に甚大な惨禍《さんか》をもたらした東日本大震災が起こりました。人命を守るための建築が地震で崩れ、大津波にのまれてしまいました。全国の被災しなかった人たちは、東北へ思いを馳《は》せ、できるかぎりの援助をしようと考えました。建築家たちも例外でなく、こういうときこそ立ち上がらねばならないと。

その時に、日本を代表する建築家のひとりである伊東豊雄《いとうとよお》氏が「みんなの家」という建築を被災者の方々と一緒に議論しながらつくって話題になりました。多くの共感を呼んで、その後たくさんの「みんなの家」が東北各地にできていきました。それはとても良いことだと思うのですが、同時に少し違和感のようなものを感じました。

伊東さんの「みんなの家」の活動そのものよりも、そのことが単に特殊な美談のように語られることに対する違和感です。震災後すぐに起こった「がんばろう日本！」的な文脈に似た何か窮屈な正義のようなものを感じました。

実際は誰のために、どこで、どういう風に時間とお金をかけて、誰がどんな風に家をつくるのか……。用途にしても、俺はカフェが欲しい、私は図書館みたいなスペースが欲しい、と「みんな」それぞれに思い描いているものがあるはずではないか。民主的に決めていく主導権はどうなっているのか。みんなで決めたという大義で、うまくいかなかったときのリスクヘッジをしているだけではないのか。

僕にとっての最大の疑問は、そもそも「みんな」って誰？　ということでした。どこか「みんな」という言葉が善意の象徴として現れて、ポリティカル・コレクトネスに似たものをまとい、実現した建築と言語の間に深い溝のような断絶を感じてしまったのです。

顔の見える人との仕事

僕も震災前から凱風館をつくっていくプロセスを「みんなの家」と題して、「ほぼ日刊イトイ新聞」で連載していました。たまたま同じ名前だったことで、違和感を感じたのかもしれません。僕の場合は、「内田樹《うちだたつる》とその門人たち」、つまり内田先生に直接関わりのある人たちという風に、顔が見えるみんななのです。

この「みんな」は誰と誰と……と具体的に言えることが、とても重要だと思っています。顔の見える「みんなの家」だということが、僕にとっては先に述べた「他者への想像力」を最大限発揮するための絶対必要条件だからです。

それは建築家として駆け出しの今は、顔の見えるクライアントと仕事をするフェーズだと自分で認識しているからでもあります。漠然とではありますが、四十代に突入すると、ネクストステージとして、建築家として違うフェーズに挑戦していかないといけないと感じています。

それは、「顔の見えない」クライアントへの建築と言えます。つまり、公共建築です。プライベートな依頼に対して、パブリックな仕事は、明確な「顔の見える」クライアントはいません。もっと複合的で、多様なニーズに対する提案を構築しなければなりません。そのためには、しっかりと経験を積んで、建築家としての強い方法論を築き、顔の見えない人たちに対しても深く共感してもらえる強度ある設計を身につけたいと思っています。依頼を受けるというより、コンペで仕事を勝ち取るということかもしれません。それが、僕にとっての挑戦すべきネクストステージです。

よくインタビューなどで「光嶋《こうしま》さんにとって理想の建築とは何ですか」とか、「将来どんな建築を建てたいですか」といった類《たぐい》の質問を受けることがあります。

それが、僕には無いのです。理想の建築も、建てたい建物も。

再三言っているように、建築というのは人と、場所と、予算など諸々《もろもろ》のパラメーターが揃《そろ》わないと絶対に建ちませんし、実現しないものなのです。

それは、料理人に向かって、「美味《おい》しい物を何でもいいからつくってください」、と言っているようなもの。そうではなくて、このマグロを使って、イタリアンで、五百円のランチをつくって欲しいというふうに条件が具体的でないと、想像力が高い解像度でもってクリエーションまでいかないと思っているからです。

だから僕にとって建てたい建築というのは、架空に言うことしかできません。『みんなの家。』でも書きましたが、村上春樹さんといつか仕事してみたいとか、ヴィム・ヴェンダースの映画館とか、いつか設計できたら……と思う夢のようなプロジェクトは幾らでもあります。しかし、これらの人とどこかでご縁がうまれ、例えば将来、イチローさんと出逢《であ》うようなことがもしあれば、《イチロー・スタジアム》がはじめて現実味を帯びる可能性をもつ。だからこれらすべては、いつだってあくまでも架空のものです。ただ、心のどこかで、強く念じていれば、いつか叶《かな》うかもしれないと信じています。

つまり場所とお金と人間が揃わないと実現しないのが、顔の見える仕事の仕方です。依頼を受けるということからすべてが始まるからです。まだ見ぬ将来のご縁を獲得する接点をもつためにも、僕は先に述べた建築やドローイング、文章といったいくつものアウトプットの方法をもって、情報発信をしているのかもしれません。僕は、今そういうフェーズで働いています。実際いま、たくさんのご縁あるおかげで、建築家として働くことができていることに感謝の気持ちでいっぱいです。

使い手の顔が見えない建築

しかし、いずれは、顔の見えない建築をつくりたい。

それは何かというと、例えば学校です。

その場合、クライアントは、市町村だったりしますが、実際の小学生や教員の一人ひとりとまるで「家を設計する」ように対話しながら学校を設計することはできません。

あるいは、その設計した学校に完成の五年後とか何十年後とかに入学するかもしれない小学生はどんな子なのか……わかりようがありません。だから「顔の見えない」仕事は難しい。その学校が建て替えであれば、今の学校に通う人たちとワークショップをやったり、「これからの小学校」についてみんなで議論したりすることも良いでしょう。

しかし、本質的には、建築家が設計者として「こういう学校が最適である」という強い意志をもって最終的には決断をしなければなりません。誰々がワークショップでこういう教室がいいと言ったからこういうふうにしました、では時間に耐えるような強度ある建築にはなりません。必然性が薄く説得力がないからです。

やはりそのためには、普遍的なテーマを掲げた設計理論や方法論がないと、顔の見えない公共的な建築はつくれないと思っています。説明不要な建築の力を獲得する。それは、突き詰めるときっと自分自身の「身体感覚」を基準に考えることではないかと、ぼんやり感じています。個人的なはずの身体感覚は、それぞれの精度は違っていても、誰もが兼ね備えているもの。建築家が個としての身体感覚を手がかりにして、普遍的な空間へと設計をすることができれば、それは多くの人と共有可能なものになるはずではないでしょうか。

だからこそ、いま、「顔の見える」人たちとの仕事を通して、設計者としてどのようなスタンスで一つひとつのプロジェクトに取り組むかが強く問われているように感じてならないのです。しっかりと自分の中に良質なサンプル、経験のストックをつくらなければなりません。舌の肥えた料理人の味が信用できるように、良質な経験こそ、自分のたしかな「物差し」を育ててくれると思っています。

クライアントと同化していく

合気道をやるようになってからの変化のひとつとして、「氣《き》」を練り込むということが、実感をともなって感じられるようになりました。自分の下腹部あたり（丹田《たんでん》）に手を添えて、「氣」を練り込むという行為は、実際には見えませんし、この実感のエビデンスを示すことは難しい。

あらゆるものを数値化し、比較考量しようとすることは、コンピューター時代の病の根源のように思うのです。なにごとも測定できることで、わかったような気になってしまうところに、危機感を感じます。

また、測定できず、根拠のないものは、まるでなかったかのように無視してしまうことにも、違和感を感じます。なぜなら、明確には測定できないものが世の中にはたくさん存在すると思うし、そうした目に見えない測定不能なものをないものとすることは、とても貧しいことだと思うからです。

私たちの身体は、「氣」を感じることができると信じています。われわれの身体感覚には到底数値化不能なものであっても、そこへアクセスすることを可能にするセンサーが備わっているのではないでしょうか。

僕は、合気道を始めてから特にそうした厳密な数値化は困難だけれど、たしかに感じられるものに対して敏感になっていきました。とても曖昧で、抽象的なものかもしれませんが、建築を設計したり、絵を描いたり、文章を書いたりするときも、この「氣」を感じるように意識を開放するようになったのです。

空間を創造する建築家は、神の視点に立ってものごとを上から見下ろすのではなく、自分も社会の中のワン・オブ・ゼムだという自覚をもって、チームメンバーと対等に対話を重ねることがとても大切だと思うのです。プレーヤーとしての自覚です。

もしも自分が内田先生だったらと思いながら凱風館を設計していたので、建物が出来上がると、恋しくなってしまうことがよくあります。

俺もここに住みたい、となるのは、自分が依頼者の気持ちにどっぷり入っていってしまうからです。でもその時に、創造者である神の視点に立ってつくってしまうと、どうしても上から目線になってしまいます。対話よりも、ある種の「押し付けがましさ」がつい前面に出るように思うのです。つくってあげているような錯覚は、とても不自由なこと。

　でも、自分からつくっている空間の中に潜っていくと、その建築と共に生活する共同体と一緒になって考えるため、施主とフラットな関係になり、あらゆる注文に対しても、設計をどんどん変えていくことができるのです。


　建築家なのになぜそんなに施主に言われたことを鵜呑《うの》みにするのだ、お前は建築のプロなんだからそれを跳ね返して自分がいいと思う家をつくってあげるべきでは、というような建築家も、もちろんいます。でも、僕はそんなこと全く思いません。神の視点じゃなくて、自分が自分の家を設計しているようなつもりで、目の前のプロジェクトに取り組みたいと思っているからです。だから、改善に改善を重ねるのです。

　そのとき、なるべくクライアントと同化したい。自分が融《と》け込んでいくと、何か設計しているというより、自然と立ち上がる感覚、つまり、設計させられているように感じることがあります。過剰な作為が消えて、そこにあるであろう自然に形を与える作業のように思えるときがあります。自らデザインしているという気持ちが強過ぎると、つい作為的な線になってしまうもの。クライアントと同化するということは、なるべくそうした自我を抑制しながら設計するということだと思っています。

そういうときは、途中でクライアントに何か言われたりしても全然嫌な気になりません。なに注文つけてるんだ、と怒るのではなくて、なるほど、そういう可能性もあったかと一緒になって考えるようにしています。相手と対立しないで、同化することは、対話を通して習合的に合意形成を図ることであり、そのようにして強度ある建築をつくりたいと思っています。

敷地の声を聞く

クライアントや職人とは話ができるものの、当然ですが、敷地そのものとは言葉は一切通じません。大地とは、言語とは別のコミュニケーション能力が必要になります。この場所は何をつくって欲しいのだろうか、と問い掛けるところからはじめるようにしています。僕は木造住宅を設計することが多いですが、ここにこの人たちがどういう生活を求めているのだろうか、と考えるわけです。

両足でその土地に立って、自分の地図を手がかりに、この場所の未来の姿を想像します。自分の内なる地図と照らし合わせながら、直感も働かせて、まず、とにかく敷地やその周辺を「歩く」のです。

非言語的コミュニケーションは、頭ではなく、身体でやるもの。敷地が放つ気を感じるには、心を研ぎ澄まし、自分の身体感覚を発揮しなければなりません。だから歩くのが一番効果的なのです。歩いていると、頭と体のバランスがほどよく、身体感受性が高まります。敷地の周りを歩いていると、近所の雰囲気や、そこに住まう人々の生活をなんとなく感じることができるのです。そうして地域社会のイメージをゆっくり膨らませながら、建築のこと考えるようにしています。

最初に、普遍的なこととして、自然の法則があります。（北半球だと）東から太陽が昇って西に沈むなど、そういう諸々の事象について想像します。また、ここから見る有明海《ありあけかい》の（今、九州で仕事をしているのですが）見え方は大事だから、この方向に大きな窓をつけよう……とか。この心地よい風はどの方向から吹くのだろうか……とか。道路との関係性は余裕を持って……とか、その場所が持つ声なき声をいかに多く聞くことができるかというのは、僕は合気道をやる前はあまりそういう霊的なシグナルのようなものに対して自分のセンサーを、開いてなかったように思います。

隣の家や街全体の佇《たたず》まいとか、自然の様子など、エビデンスをもって測定することの難しい、だけど存在するそうしたものたちの声に心の耳を傾けるように意識するようになりました。そうしたものに対する感度を上げることで、それらを設計に少しでも反映させたいと思うのです。

周の時代の中国の古い思想が記された『周書第九』には、都市を建設する場所を決定する際に書かれた興味深い箇所があります。大地の上で、どのようにして都市を建築するかを視察する際に、最初にすることが「土地を卜《ぼく》する」と書いてありました。

つまり、「土地を占う」というのです。占い師が土地に流れる気の良し悪しを見分けてくれるのです。占いというどこか非科学的な行為から中国の都市づくりがはじまるということ。なんだかすごく共感しました。西洋でも「ゲニウス・ロキ（地霊）」といいますが、昔から大地には、霊気が宿ると信じられてきました。

土地に流れる気に背かないように、都市を計画したというのです。気の流れが良いところを死者のための場所、つまり墓をつくりました。その地形が潜在的にもっているものに注意をするということは、自然と人工の調和をみつけようとしていたと言えるのです。そして、大事なこととして、一度決められたことを「信じ続ける」とも書いています。占いとは、物語です。占いという厳密な測定が不可能なものを根拠にして計画を進めることに、どこか背中を押されたように感じました。

だから、僕は言葉を発することのない敷地とでも、周の時代の占い師がしたように、濃密なコミュニケーションができると確信しています。建てられた建築が土地と対立しないで、同化的に振る舞うにはどうしたらいいか、と考え続けるようにしています。

モダニズムという建築文化は、大地からの離脱を目的にしていたところがあります。つまり、建築が建っている土地に影響されないで、むしろ独立して強くそびえ立つことを目指していたのです。白い箱のような建築は、柱で大地から切り離された強い人間の象徴として多くの共感を得ました。

ル・コルビュジエが提唱した近代建築五原則の中の一つに、「ピロティ」（二階以上の建物において、地上階を柱だけにして吹き放した場所）と呼ばれる空間があるのも、その最たるものです。まさに大地から建築を引き剝《は》がして、持ち上げた地上階の空間が、自由だと信じられていたのです。それこそ、モダニズム建築が獲得した強度なのですが、僕はむしろそこに

白い箱が大地から持ち上げられた「ピロティ」が特徴的な《サヴォア邸》(1931) のスケッチ

脆《もろ》さも同時に感じるようになりました。

　近代建築がこれほどまでに世界的に普及していった背景には、この敷地から自由になって、強く独立して立つことが広く共感されたからだと思います。強靭《きょうじん》な論理を後ろ盾にして、スタイルが国際的に共有されていったのです。敷地から自由になるということは、どこに建てても同じ建築となってしまいます。

　しかし、僕はむしろ敷地から独立するのではなく、周りの文化的な環境も含めて、占うことでしか知覚できないような混沌《こんとん》としたものを含めて敷地と同化していくことの方が大切だと思うのです。イギリスの建築歴史家のケネス・フランプトンは、「批判的地域主義」という言葉を使って近代建築の無・場所性を乗り越えようとしました。それぞれの敷地との密接で固有な関係からスタートする設計は、「その場所にしか存在し得ない建築」を見つけ出す大事なヒントだと思っています。

指揮者と作曲家、建築家は一人二役

建築家は大工さんなどの職人と、クライアントとタッグを組んで建築をつくります。クライアントにとって最良の建築を先取りして提示してみせることで時間と深く関わりながらデザインを展開します。つまり、ちょっと先の未来の生活のイメージを共有していくことが必要になってきます。夢のある仕事なのです。

このとき、スクラムを組むように、それぞれのプレーヤーが対等な立場で、同じ想《おも》いを共有していないと、現場では物事がうまくいきません。連絡したと思っていたことでも二重三重にたしかめながらしっかりと意思疎通できていないと、些細《ささい》なことから大きなトラブルを生むことがあります。

だから建築家は、現場では全体を束ねる指揮者の役割を果たさねばなりません。指揮者である僕自身は直接楽器に触れないが、どのような音楽を奏でたいかをオーケストラのみんなに的確に伝える必要があります。滞りなく工事が進むようにチェックしなければなりません。

コンセプトを共有し、図面や模型のイメージを共有し、建築に見ている夢を共有しないといけないのです。

関わる人が増えれば増えるほど、どうしても、みんなが同じように熱い想いをもって仕事に立ち向かうのは困難になります。強く指揮を取らなければ、仕事は妥協と落胆の連続になってしまい、納得のいく建築などつくることができなくなります。

だから、クライアントに対しても建築家は、決して媚《こ》びてはいけません。敬意をもって、正直であること。指揮者は、何が起きても動じない耐性と、何かが起きたときの柔軟性を持ち合わせないといけません。現場は、いつだって粘り強い対話の連続です。みんなが高い意識を共有することが大前提にあります。建築が総合的な協働作業による賜物なのは、そのためです。


対して、事務所で設計することは、図面（譜面）を作成することであり、作曲家的な仕事です。これは、構造家や設備などのスペシャリストの助言を得ることも多々ありますが、根底にあるデザインという部分は、「ひとり」でなければ決断できません。

作曲家は、仲良しこよしの馴《な》れ合いから決断できるものではなく、最終的には自分が良いと思う「音」をひとりで探り、譜面として仕上げます。作曲家は、自分の内面と徹底的に根気強く向き合う必要があります。そのとき、孤独を抱えながらも、ひとりであることがとても大切なこと。ひとりでなければ辿《たど》り着くことのできない場所や水準というものが必ずあるのです。

最初の構想は、イメージスケッチとして出てきます。《凱風館》のときは、「武家屋敷のような家」という内田先生からの漠然とした言葉からはじまりました。《如風庵《じょふうあん》》では、「木と土の自然素材の家」という具体的なコンセプトからスタートしました。

そこから要望や敷地周辺を歩き回って感じた、言葉にならない印象を思い起こしながら、事務所のテーブルでアイデアに具体的なイメージを与え、図面にしていきます。

空間の機能的なことを考えるのは、平面図。空間の高さにおける縦方向の関係性を考えるのは、断面図。建築の顔である美しさについて考えるのは、立面図。この三つの図面を行き来しながら、断片的な空間のイメージをスケッチしたりして、アイデアを形にしていきます。

法律や予算、時間といった多くの制約をクリアしながらデザインの精度を上げていきます。なかなか良いと思ったアイデアも、うまくまとまらなかったり、図面化すると大して面白く

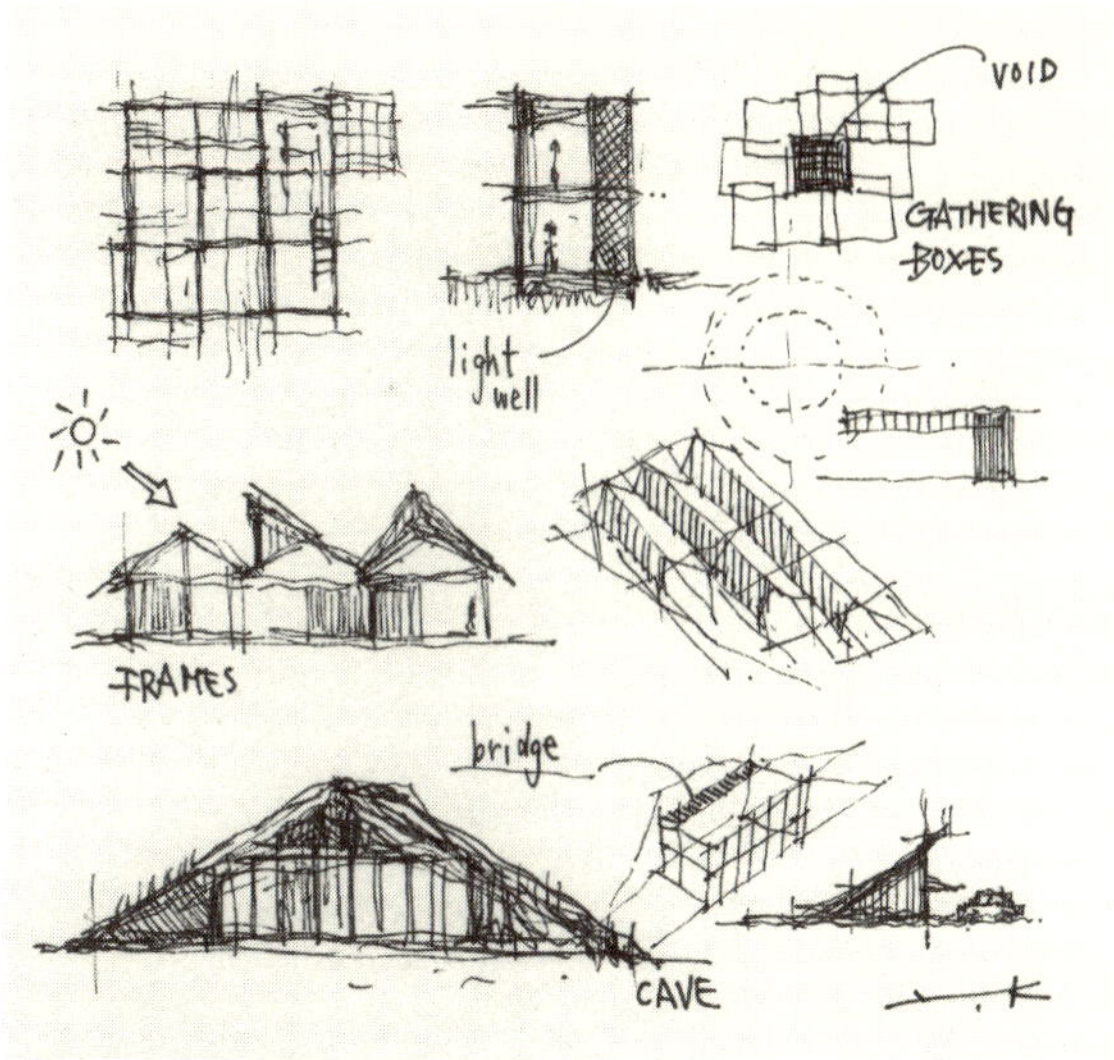

九州の大牟田《おおむた》に建設中の《群草庵《ぐんそうあん》》の初期イメージスケッチ

なかったりして、悪戦苦闘しながら納得のいくまで徹底的にデザインを展開させて、図面を描いていく。

二次元の図面の後は、三次元の模型をたくさんつくります。実際の空間は、いつだって三次元ですから、ミニチュアのモデルで検討することで、図面では見えなかった問題や改善点が見えてきます。小さい模型の中を覗《のぞ》き込むことで、自分自身もすっかり小さな人間になったように、模型の中を遊びまわることができるのです。このとき、模型は白くシンプルな方がいい。抽象的な状態で、空間のあり方を想像していると、具体的な素材に対するアイデアもどんどん湧いてきます。模型は、さながら「小さな世界」ですから、何かを理解するのには、とても役立ちます。このように、模型と図面を行ったり来たりして、修正を繰り返すループを通して、デザインが洗練されていきます。

第一プレゼンテーションで、クライアントに図面と模型を見せるときは、いつでも緊張します。（お腹の中の蝶々《ちょうちょ》が飛ばないように）落ち着いて渾身《こんしん》のアイデアを説明します。そこから気に入ってもらえた箇所と、新たな要望や課題などを聞き出し、次なるデザインの土台となる対話がスタートしていくのです。

たくさんのフィードバックを事務所に持ち帰って、さらに検討を重ねます。対話を通して潜在的に潜伏している見えない欲望を掘り起こすのです。ああでもない、こうでもない、と思考しながら案を練り上げて、再度クライアントと打ち合わせをしながら、デザインを固めます。

打ち合わせをすることで、デザインの解像度が上がり、クライアントの建築に対するリテラシーも必ず上がります。どんどん会話が弾み、奥さんがキッチンのスケッチをしたりして、

《群草庵》の第一提案のための三つの模型

楽しい対話になっていきます。チームの共同作業としてメンバーの痕跡が提案の強度になっていくのです。デザインがゆっくり物語を獲得すると言い換えてもいいかもしれません。これこそ、プロジェクトが順調に進む秘訣《ひけつ》。小さな共感を積み重ねて、みんなで夢を共有する感覚が芽生えたら、家づくりは一気に楽しくなります。

そして、共通した思いをまとめた完成予想図としての図面をもって、次はつくってくれる工務店と打ち合わせを重ね、見積もりをしてもらうのです。ここから、リアルなお金の問題がスタートします。見積もりが予算内にいきなり収まることはまずありません。今までどのプロジェクトも、いつも予算オーバーからはじまります。

やはり、あれもこれも、と欲張ってしまうと予算オーバーはなかなか避けられません。ここでも建築家は、工務店に媚びてはいけません。正直に思いを伝え、一緒に並走する必要があるのです。ときにヒートアップする厳しい交渉が続きます。苦渋の取捨選択がある。いろいろ細かい検証をして、工夫しながら見積書と格闘するのです。

このとき設計段階にコンセプトを立てて、住宅における優先順位をはっきりさせていると、比較的明確に決断ができるようになります。リビング・ダイニングの床の仕上げを替えないで、各種収納の仕上げ材をもっと安価なものにするとか、どこもかしこも土壁にしないで、パネルで仕上げられる面積のバランスを変更する、照明器具を再検討して安くするなど、目標額への妥協なき選択が続きます。

そうしてクライアントの予算内に工務店の提示した見積もりが合致すると、晴れて工事契約が結ばれて、いよいよ、現場が始動します。

しかし話を戻すと、工事現場では、図面通りつくってもらうように監督する指揮者である建築家は、音楽家にとっての〝譜面〟である〝図面〟も作成しなければならないため、作曲家でもあるということが特徴的なのです。この一人二役をやらなければならないところに、建築家という職業の難しさと同時に面白さがあります。

作曲家的な時は、徹底的に内的な対話をし、指揮者的な時は、外に向かって誠実な対話を重ねながら建築をつくります。内的なことでは、自分自身の経験や感性の地図と、身体感覚が大切になってくるし、外的なことでいうとコミュニケーション能力や人間性が問われてくる。

多くのパラメーターがあり、それらが制約となって「デザイン」することが複雑に絡み合っていく過程を経て、責任ある「選択」の連続によって建築は構想されます。チームみんなの夢を宿して、現場で建築が建ち上がるのは、いつも得難い体験です。気の遠くなるような道のりですが、コンサートの観客であるクライアントに喜んでもらえると、一気に明るい気持ちになります。そして建築の完成と共にクライアントは観客からプレーヤーになるのです。一緒に夢見ていたものが、おぼろげながら着実に現実となっていくことは、日本を代表するデザイナーの三木《みき》健《けん》さんの言葉を借りると「喜びのリレー」が生まれるということなのです。

山を守りながら家をつくる

はじめての建築となる凱風館を一緒につくって以来、（今、九州で建設中の群草庵を除いて）僕は、岐阜県旧加子母《かしも》村《むら》にある中島《なかしま》工務店とずっと一緒に仕事をしています。神戸支店で四つ、東京支店で三つ、彼らと二人三脚でこれまで七つの建築をつくってきました。彼らと協働することで多くを学び、建築家としていつも成長させてもらっています。僕にとって欠かすことのできない大切な仲間たちです。

『みんなの家。』でも詳しく書きましたが、中島紀于《なかしまのりお》社長率いる中島工務店は、加子母の山々を守りながら家づくりを試みているところにその特筆すべきものがあります。というのも、人間の住まいというのは、そもそも木や石のように自然にある身の回りの素材を組み合わせてつくられるもの。だから、本来家をつくるということは、山とダイレクトにつながっているのです。山も人間との共存を可能にするために、人が入って手入れしてあげないとなりません。放っておいては荒れ果ててしまい、木を伐《き》り過ぎてしまうと、禿山《はげやま》になってしまいます。

稲穂の広がる加子母村の里山風景

国土の七割近くが森林のわが国において、日本人は自然と調和しながら共存する豊かな里山文化を築き上げてきました。加子母には、この里山文化がしっかりと根付いています。人間が手を入れることで、自然の恵みを享受することができるという当たり前のことを、当たり前のように実践しているのが、中島工務店なのです。

加子母のすぐ近くには、伊勢神宮の遷宮《せんぐう》（二〇年に一度の神殿の建て替え）の際にも樹齢約四〇〇年の檜《ひのき》を伐り出す「木曽《きそ》ヒノキ備林《びりん》」もあり、自分たちの山から檜や杉を伐り出して、自分たちの工場で製材・加工して、関東や関西まで輸送して丁寧な家づくりを展開しています。

　僕が彼らの家づくりに深く共感し、尊敬するのは、中島工務店の職人さんたちが、加子母の美しき里山文化に対する強い矜持《きょうじ》を胸に働いているからです。自分たちの故郷《ふるさと》に対する愛情をもって、山を守りながら家をつくる。それは、大工さんや現場監督さんたちに留《とど》まらず、家づくりの主役であるお施主さんたちにも共有してもらおうと取り組んでいるのです。

　じつは中島工務店と住宅をつくることになると、ご家族ご一行さまを「水と緑の勉強会」と題して加子母に招待します。みなさんと山に入って、加子母を知ってもらい、工場なども案内して、家づくりの現場をとことん見てもらうのです。みなさんにとって加子母が第二の故郷として感じられるように〝おもてなし〟するのです。自分たちのロッジに泊まってもらい、郷土料理である「鶏《けい》ちゃん」（丸鉄板に醬油《しょうゆ》で下味を付けた鶏とキャベツを焼く）を突つき、みんなで郡上《ぐじょう》おどりを踊ります。何と言っても、子供たちがよくはしゃいで楽しんでいるのが印象的です。美味しい空気に、綺麗《きれい》な川の水、夜になったら満天の星空と、都会ではなかなか味わうことができません。

　しかし、中島工務店が凄《すご》いのは、この後なのです。なんと、住宅が完成すると、お施主さんを「ふるさと祭り」と称して再度加子母に招待します。今度は山に入って植林してもらうのです。もちろん家づくりに使った木材と同じだけの木を植えることはできませんが、家づくりが山と共に循環しながらあることをたしかに実感してもらうのです。ここには、お金では勘定できない、自然との豊かな関係があります。家をつくったら「ハイ、終わり」ではなく、まさにチームとして、ずっとご縁を育《はぐく》んでいくことを目指しているところに、僕は全幅の信頼を置いています。

はじめてのリノベーション

そんな中島工務店と二〇一五年に、京都の北大路ではじめてのリノベーション建築が完成しました。それは、クライアントが気に入って購入した築八十年の古民家を、新しい家族の拠点として再生するプロジェクトでした。

古風な佇まいが残る京都らしい雰囲気が好きで買ったものの、いざ一年ちょっと住んでみると、夏の暑さに冬の寒さがあまりに厳しくて、理想的な生活が送れなかったところからスタートしました。古くなったお風呂や、くたびれてしまったシステムキッチンをちょっと「リフォームしたい」という思いから相談を受けました。

しかし、床下に潜ってみると、柱が石の上にちょこんと立っているだけで基礎がないではないか。それでは、地面の湿気も冬の冷気も家に入ってきてしまいます。壁や窓にも隙間が多く、ちゃんとした断熱材も入っていないことがわかりました。これは、大々的にしっかりと手を加えないと、心地よい生活が送れないことが明らかだったので、基礎をつくって、耐震補強しながら、床と壁と天井にしっかりと断熱材を入れることを提案しました。

住宅には最低限の快適さが備わっていなければ、健康な生活を送ることはできません。そのためのベースをしっかりと整えつつ、空間としては、新旧の素材が響き合うような空間を目指すことを考えました。まだ使える部材は、積極的に残し、湿気やシロアリ被害のあった部材は、すべて新しいものに替えていきました。

新築工事と違って、既に住宅の骨格があるために、デザインの制約はとても大きかった。けれども、古いものを排除するのではなく、弱い部分を補強しながら、時間に幅のあるたくさんの「物語」が同居するような空間がつくれるのではないかと、あれこれ考えていきました。

白紙の状態から敷地と向き合うのではなく、既に住んでみた家に対して思うところがお施主さん家族には沢山あったため、明確な要望がありました。縁側のスペースを残したい、洗濯してから物干しまでの動線をスムーズにしたい、急で危ない階段の勾配を緩くしてほしい、など。それをひとつずつ確認しながら、リクエストを整理して、ふたつのルールを設定しました。

ひとつは、もともとあった屋根裏などのデットスペースをなくし、なるべく物理的に空間を最大化するということ。次に、個室や廊下という具合にはっきりと分節されてしまった空間を緩やかにつなげるような「引き算」のデザインを提案しました。つまり、廊下をなくし、個室として単独に存在していたキッチンや和室の境界線の壁をなくし、縁側などのスペースも部屋の中に取り込んで、風通しのいい住宅を目指したのです。

そのためには、構造的に大事な柱や壁を選択し、補強すると同時に、重要でない壁は率先してなくし、空気が連続する大きな一室空間をつくりました。階段の向きを変えて、段数も増やして緩やかに上りやすくし、それぞれの空間に余白をもたせることで、家の中にいる家族が気配を感じながら一緒に明るく生活できるような居場所を、それぞれが日常の生活からつくっていくことを考えました。

ほぼすべてを図面で計画できる新築と違って、リノベーションでは、ことさら現場での柔軟な判断が大きく影響してきます。

例えば、二階の和室を一部小さくし、床をなくすことで吹き抜けにすれば、南に面した二階の窓から一階のダイニングスペースに気持ちのいい光を取り入れることできると、図面で提案し、模型をつくって検討しましたが、最初は二階の部屋が小さくなってしまうことがショックで、却下されてしまいました。

しかし、現場がはじまり、解体工事を進める中で、一時的に二階の床を少し剝がしたときに差し込んできた気持ちのいい太陽光を実際に体験してもらうと、すぐに納得してくれて、吹き抜けが採用になりました。

現場でのデザイン変更は、たしかな大工さんの技術によって成立します。この民家を八十年前につくってくれた棟梁《とうりょう》との時間を超えた職人同士の対話がはじまるのです。立派な柱や梁《はり》を使ってつくられていたので、それを露出するために天井を二十センチ持ち上げたりして、空間が大きくなりました。

大工さんが、過去の工事からその意図を読み取り、それをより良い空間にするための技術を持ち合わせていることで、どんどん新しい空間が古いものと融合しながら、多様な室内風

《旅人庵》（京都、2015）photo by Takeshi Yamagishi
新旧の素材が響き合うリノベーション住宅

景が築き上げられます。新旧の素材、つまりモノの時間がパッチワークされ、不思議な調和が生まれました。

出版業を営むお施主さんは、「本の人」であり、あるときノーベル賞受賞者である物理学者の湯川秀樹の自伝『旅人』（角川ソフィア文庫、二〇一一）のことを僕に教えてくれました。その中で「少年時代の私たちの家の中には、ひどく古いものと、ひどく新しいものとが同居している状態であった」と語っていることから、まさにコンセプトを共有しており、はじめてのリノベーションは、《旅人庵》と名付けられました。

2 自分との対話

こうして何かを生み出す時のスタンスは、なにも建築を設計する時だけのことではなく、ドローイングを描いている時も、同じように思います。僕が今までの人生で見てきたありとあらゆるビジュアル情報が自分の中にストックされていて、そこから無意識的に、パッチワークのように選択しながら描かされているように思うことがあるのです。

自分の中にある大きな地下室に入って、壁一面の膨大な棚にぎっしりと過去に経験したビジュアル情報の断片の中から、手探りしながらペンを走らせます。そのとき、やはり、深く集中して没頭していると、ペンと指が同化しているように感じるのです。自分の身体と握っているペンとの境界線が曖昧になると言ってもいいかもしれません。それこそが、自分のその日の調子を測るバロメーターになっています。

文章を書いている時も、そう。自分自身で書いているのに、僕が今まで読んできたいろいろな本の影響が入ってきているように感じます。先人たちによって心を揺さぶられた言葉が、自分の中の記憶の奥底に染み込んでいて、それらが変容しながら再度生み出されていくような感覚。逆に言ったら、まったくのゼロからの創造などありえない、と言っても過言ではありません。

読むと書くという行為は、コインの裏表のように強く相関しています。気持ち良く文章を書いている時は、そうした先人たちによってどこか書かされているという感覚が芽生えてくるのも、とても自然なことのように思えてきます。自分というフィルターをただ通っていく感じでしょうか。

設計の仕事は、集団的創造力によるため、クライアントをはじめ、職人たちとの対話から生まれるのに対して、文章や絵は一人で行う孤独な作業。ただ、一人でやる行為であったとしても、それは、自分と対話しているのです。つまり、モノローグとして創作しています。そこから多くの着想が立ち上がり、ドローイングとなって、あるいは文章となって、表れます。一人だからこそ生まれ得るのです。自分の中にあったものが、熟成し、咀嚼《そしゃく》されて形を変えてゆっくり表れるのです。しかし、頭で考え過ぎると、やはり描く線も、書く文章も、どこか作為的になってしまうことがある。だから、なるべく創作時は、考えるというより、感じることを優位につくるようにしています。

そして、自分の奥深くから湧き上がり、通過していったものの声に耳を澄ませることができるようになると、はじめて自分の線、自分の言葉というものが少しずつ獲得されるのではないでしょうか。

自分の地図を描いていく

さまざまな経験を通して、私たちは「自分の地図」を描き続けていると思うのです。先に述べた、雪だるまをつくるということでもあります。

知識として手に入れたものも、体験として感動したことも含めて、自分という人間をつくりあげているありとあらゆるものが、この地図に描き込まれていく。若い時は、自分の自我や人格が不透明で、地図の情報量が少なかったこともあり、世界の見え方が曖昧だったり、ものごとの的確な判断ができなかったり、ことの本質を見抜くことが困難だったりします。

しかし、本を読んで感銘を受けた思想や、美術館で心を鷲掴《わしづか》みにされた美しい絵画との出会い、時間を忘れるようにして聴き込んだ音楽、あるいは友達とのちょっとした会話から得た着想や、日常の何気ない風景など、日々体験したものがぎっしりとこの地図に描かれていくのです。すると、いかに多くの他人によって今の自分があるか、ということに気付かされます。そうした自分を成り立たせてくれている多くの人とのご縁に対して畏敬《いけい》の念を抱くようになりました。

生きていることが、生かされていると感じると言ったらいささか大袈裟《おおげさ》かもしれませんが、要するに、自分の中に緻密な地図をつくるということは、多くの他人からバトンを受け取っていることの自覚が芽生えるということだと思うのです。自分の雪だるまは、今まで通ってきた雪の何がしかを身につけて、こうして大きくなった。必要な情報が必要な情報とリンクして、総体としての自分が見えてくるようになります。

はじめて訪れる街のことを想像してみてください。きっと知らないことばかりでしょう。

しかし、地図を持って、その街を歩きながら建物の情報や街の雰囲気を収集していくと、その地図を介して街への理解がグンと深まります。そのとき、地図に書いてあるどの情報が自分にとって大切な情報であるかを嗅《か》ぎ分ける必要があります。地図がその存在意義をもっとも発揮するのは、ある目的をもってその地図を利用するときなのです。

だから、自分の知らない世界に手を伸ばし、新しい扉を開いて、新しい自分を発見し続けるためにも、自分の地図を上書きし続ける必要があります。明確な意志をもって描いていくのです。

先に引用したスティーヴン・キングの「地下室」の比喩もまた、自分の地図における「創造」というエリアの情景ではないでしょうか。自分の中のストックをしっかりと整理して自分の地図をより豊かなものにすべく、オープンな感覚をもって、広く大きな外の世界を吸収していくのがいい。

モザイク状であること

いま、僕が建築家としての自分の地図をマッピングしていく中で、大事にしていることのひとつに、「モザイク状である」ということがあります。できる限り客観的な視点から、自分自身を成り立たせているものを俯瞰《ふかん》しようとすると、バラバラのモザイク状であることに目を背けないで、そのまま受け入れたいと思っています。

そのまま、ということが大事だと思うのです。自分の中にあるバラバラなものを、自分の理解する範囲だけで整理整頓してしまわないこと。今の自分では意味が回収できないものであっても、ときに矛盾することであっても、自分の地図に描かれていることを総体としてちゃんと自覚して、受け入れる。

建築家で早稲田大学の教授でもあった吉阪隆正《よしざかたかまさ》は、「不連続統一体」という美しい言葉でこのことを伝えています。

ベルリンという多面的な魅力を内包する都市に住みながら感じるようになった、何かを排除することで獲得する統一感や調和ではなく、雑多なものをそのまま同居させることの方がより強度があって、豊かなのではないか、と。長らく壁によって分断された負の歴史を経験した都市であるベルリンだからこそ異なる者同士が自由に結びつくことの魅力を感じたのかもしれません。そんなことをおぼろげながら考えているときに、吉阪が唱えた不連続統一体という言葉に出会い直しました。吉阪は、この言葉を、いや、思想の根底について、量子論を踏まえて次のように定義しています。

それぞれの単位は完結した単位である。原子だったり、分子だったりするように。細胞といってもよい。それは完全に独立した単位でありながら、他の単位と結びつくことで、別の単位となるようなものである。しかもそれは常に結びつき方をかえて、別の単位に変化してゆけるのである。微視的世界から巨視的世界までその組合せは考えられる。これは宇宙の法則なのである。（『不連続統一体を　吉阪隆正集11』勁草書房、一九八四）

先にも述べた舞踏家のピナ・バウシュのタンツ・テアターも、まさにこの不連続なもの同士が結びつき方を多様に変えながらも、一つの強靭な共同体として形成し得ることを証明しているように僕には見えたのです。それぞれに独立した存在同士が、複数絡み合って奏でる音楽には、美しいポリフォニー（複数の声部からなり、それぞれの声部が独立した旋律とリズムをもちながら調和を保つ多声様式の音楽）が響きます。

ベルリン生活を経て読んだ不連続統一体という言葉は、学生の時に読んだそれとは、まったく違う輝きを放つようになっていました。自分の地図の中に、どこか似たような考えがあったからこそ違った結びつき方をし、心の旋律が響いたのです。

なるほど、モダニズムを生み出したル・コルビュジエの事務所で働いて、巨匠から直接教えを請うた吉阪は、排除することで達成される見せかけだけの白い統一感の限界をよく理解していたのかもしれません。連続していてわかりやすい統一感による建築空間を目指すのではなく、本当に魅力ある建築は異物をも取り込んで同居させ、無秩序な部分や不連続でありながらも、空間の骨格がしっかりとしていることで、生き生きとし、変わり続けるものの中に統合された調和を導くことが可能だと考えたのではないでしょうか。

そもそも空間に依存しながら生活する私たち人間も、それぞれ違った個性の持ち主ではないのか。不連続統一体には、線形の思想としては矛盾があるようなバラバラなもの同士であったとしても、複雑さを内包しているという点が魅力的であり、絶え間ない動きの中で関係性が変化することで放つエネルギーがあり、そこに僕は強く惹《ひ》かれます。この複雑さこそ「モザイク状である」ということの強みだと考えるのです。

このように思うようになったのは、自分の殻を破ったり、思考や行動の枠組みを広げたりしてくれるのはいつも他人だったと気付いたからです。自分の想像力を凌駕《りょうが》するような圧倒的他者との交流を通して、また自分の環境を自らが選ぶことで、振れ幅の大きいモザイク状の自分を保つことが出来るのではないか、と思ったからです。

僕だけじゃなく、人間だれもがそれぞれの生きた時間の分だけ、それぞれの体験が濃縮されたモザイクからできている。そのバラバラのモザイクに秘められた輝きは、唯一無二《ゆいいつむに》なもの。個性と言ってもいいでしょう。俺のモザイクの方が細かくて綺麗だとか、他人と比較することに意味などまったくありません。

ただ、そのモザイク状のものがいろんな人と接することで、ものごとの結びつき方を変化していくことが重要だと思うのです。いろんな他者との交流で、多様な光に照らされるからです。コミュニケーションを通して自分が持っているモザイク状の地図が変わっていく。常識や先入観に捉《とら》われていたら、地図はすぐに古くなってしまいます。ステレオタイプ化されたレッテル貼りにならないように、自分の地図を批判的に疑いながら、更新し続けることです。

自分の地図がモザイク状に変化し続けると、相手のモザイクに対しても多様な読み取り方があることを学びます。ものを観察する力と一緒で、それをしないで、自分が絶対だとか、この本にはこう書いてあったと、思い込んでいたらすごく限られた小さいモザイクだけになってしまい、うまくいかなくなってしまいます。

これと同様に、建築を評価する時もできるかぎりモザイク状でありたいと考えています。建築を成り立たせている要素を単純化しないで、総体としての存在であると理解したい。建築を単純化してしまうと、極端な結論に陥りがちです。つまり、環境学的にはこれが一番良いとか、この予算ではこれしかできないとか、評価する基準、あるいは物差しを単純化してしまうと、建築の本質を見失うことがあります。それより、多くの要素が同居していることこそ、健全な建築のあり方だと思うのです。

身体感覚と空間

そうした多様な建築をつくる上で、手がかりにしたいと思っていることに、〝身体感覚〟を基準に設計するということがあります。

大昔から人間は、大なり小なり、頭が一つに、手足が二本ずつあって、五感を頼りに生活していたことはそれほど変わってないし、これからもきっとそれほど変わらないでしょう。突然身長三メートルの人間が誕生するとはちょっと思えません。文化や文明があらゆる方向に向かって進化していったとしても、われわれ人間の身体感覚というものは、常にその中心的位置にあり、それこそが、ものごとを判断するときの大切な手がかりになっていくのではないかと思っています。

つまり、自分の身体感覚を頼りに建築設計理論を構築するにはどうしたらよいのか。排除に基づいた安易な統一ではなく、不連続でありながらも雑多なものが統一された強度ある空間には、生命力が宿ると思うのです。

この生命力について考える際に、フランスの民俗学者・人類学者であるクロード・レヴィ＝ストロースの提唱する「ブリコラージュ（器用仕事）」という方法が大きなヒントになると思っています。構造主義を打ち立てた彼は、若き日にブラジルの奥地に住む先住民を研究する中で、このブリコラージュという作法の可能性を見出しました。

それは、予《あらかじ》め計画された体系の中で何かをつくりあげるのではなく、「ありあわせの道具材料を用いて自分の手でものをつくる」こと。つまり、直感的に柔軟な世界を構築していく方法論と言えます。大事なことは、「そのときそのとき限られた道具と材料の集合で何とかするというゲームの規則である。しかも、もちあわせの道具や材料は雑多でまとまりがない」と『野生の思考』（みすず書房、一九七六）の中に書いてあります。

例えば、森の中で一本の棒を拾うとします。ブリコルール（ブリコラージュする器用人）は、その棒をどのようにして使うかをわからずに、「まだなにかの役にたつ」という身体的直感だけを頼りにその棒を拾い、後にしかるべきタイミングで、その棒を洗濯した衣服を掛けるのに使ったり、地面に線を引いたり、小屋を建てたりするのに役立てるのです。雑多なものを同居させるためには、頭の中ですべてをきっちり計画することよりも、身体感覚に根拠をおいた「非本来的な偶発運動」の産物を優位に捉える逆転の発想が必要なのです。僕は、これこそが生命力を感じたことによる行動だと思いました。

そうした雑多なものを同居させたものには、あらゆる境界線や垣根をひらりと越えて、自由に人と人、人とモノ、モノとモノが結びつく力があるように思います。僕が「人間は、空間に依存する」と重ねて述べてきたのも、そのためです。

建築でいうと、ガウディの建築が真っ先に思い浮かびます。ガウディの建築に一歩足を踏み入れた時に感じる、あの圧倒的なエネルギーは、生命力としか言いようがありません。まるで建築そのものが生きものであるかのように感じました。それは、大人でも、子供でも、年齢や性別、人種を超えて何か普遍的に人間に語りかけてくるものだと思うのです。

森をイメージした圧巻の宗教建築
《サグラダ・ファミリア》

《サグラダ・ファミリア》という建築を体験したときの感動は、そういう意味において、説明不要なのかもしれません。国籍も違えば、時代も違う、老若男女、みんなに訴えかける力を宿しているからこそ、世界中の人が一目あの建築を見ようと遠くバルセロナまでやってきます。毎日何万人もの観光客を惹きつけているのは、あの建築に内包された生命力ではないでしょうか。

植物が太陽の光を浴びて光合成をし、光をエネルギーに変換しながら植物全体に行き渡らせるように、人工物から構成される建築もそうした自然の法則のようにエネルギーを受け取って循環させるような仕組みを考えてみたい。窓から入ってくる光を見たり、風を感じたりするのは、私たちの身体です。建築の中での知覚し得る生命力の循環をなるべく複雑に演出することができないかと考えています。

身体感覚を根拠にするということは、空間のスケールを微細に検討することが最初にあります。モジュールという身体感覚を基準にした設計を心がけながら、広い部屋と狭い部屋の組み合わせを多様に工夫したり、天井の高さや形状に変化をつけたりすることで、空間に動きを持たせるのです。空間に余白を与えることで、使い手が空間を発見していくのです。

生命力のある空間として、もうひとつ思い浮かぶのが《第二ゲーテアヌム》(一九二九)です。スイスのバーゼル近郊にあるドルナッハという街に、神秘思想家であるルドルフ・シュタイナーがドイツの文豪ゲーテにちなんで名付けた劇場やギャラリー、図書館などを含む総合的な学びの建築です。

ドームが連なる《第一ゲーテアヌム》(一九二二)が完成してすぐに焼失するという悲劇

に見舞われるも、シュタイナーは諦《あきら》めることなく、すぐにデザインを新たに再建したのが、第二ゲーテアヌム（シュタイナー自身は、工事着工後の一九二五年に亡くなった）なのです。粘土細工でつくったかのような力強い造形は、有機的にすべての空間を見事に統合しており、美しい色鮮やかなステンドグラス越しに神秘的な光がこの稀有《けう》な学舎に注ぎ込まれます。

この建築の魅力は、数値化不能な生命力が充満していることで伝達されているように思えてならないのです。シュタイナーの建築は、すべてにおいて体験者が自らその空間を発現する喜び、つまり、学びの体験が建築の中に埋め込まれていることにその特徴があります。

実際に手を触れることができるドアノブに特別な表現をしてみたり、壁と天井がダイナミックに連続していて、多様な素材のパターンによって変化をつけたりして、光をその案内役として、空間を生き生きしたものにつくる試みがされています。頭で単純に理解することができなくても、身体で感じることのできる空間の質のようなものこそが、生命力だと考えるのです。

大事なことは、この生命力というのは、建築空間にただ宿っているものではなく、そこに人が入って知覚しなければ存在しないということ。人間と空間がセットになってはじめて、生命力が感じられるのです。誰もいない廃墟《はいきょ》のような空間には、きっと生命力など、そもそ

シュタイナーが提唱した学びの学舎《第二ゲーテアヌム》のスケッチ

もありません。

顔の見えない人の心にも響く建築は、普遍的な地図を片手に設計していかねばならない。そのために、身体感覚を根拠にした設計手法として、「生命力」を切り口にして考えることが、この大きな問いに対する解答へのヒントだと思っています。

設計における生命力

この生命力について考えるきっかけになったのは、実は二〇一五年末に娘が誕生したことでした。

思い返せば、高校生や大学生のときは、自分中心に世界が回っていて、俺が、俺が、というように自我の塊だった僕が、三十三歳で結婚し、三十六歳のときに家族が増えると、自分の中の自我らしきものは、少し異質なものになっていく感覚がありました。

例えば、妻が妊娠中に悪阻《つわり》でしんどかった際に料理したり、家事をしたりするのは、一人暮らしの経験が長かった僕にとっては、今までずっとやってきたことでしたから、そんなの何の苦でもありませんでした。けれども、一人暮らし時代にやっていた家事と、結婚してから妻が悪阻でダウンしている時の家事とでは、全然違うもののような感じがしました。

一言で言うと、出産という大きな出来事に向けて妻が日々お腹の中で母性を育んでいるのに対して、何もしてあげられない、ある種の負い目があり、〝男の圧倒的な無力感〟に突き動かされて、家事でも、なんでも自発的にやらねばと思うようになりました。

妊娠中の身体的負担をすべて女性が担っていることで、男性は、とにかく精神的なサポートしかできません。要するに妻が機嫌よくいられるように、とにかくベストを尽くすしかない。自分のお腹の中に、命を身ごもることを想像するだけで、気が遠くなってしまいそうです。出産までのこの無力感こそ、男を父にする準備期間だと思うに至りました。

つまり、この無力感こそ、生まれてきたらミルクをやったり、お風呂に入れたり、オムツを替えたり、せめて自分ができることくらいはやってやろうという、子育てへの参入を促《うなが》すのだと思います。

十月十日《とつきとおか》命を身ごもる母と、実質なにもできない父は、圧倒的に非対称です。生まれてからも、母乳を与えることのみならず、母親中心に子育ては進みます。そもそも、母とは同じ体の中に一緒にいたわけですから。

それを少しでもサポートできないかという時に、そのサポートとは、ギブ・アンド・テイクなどではなくて、愛というか、祝福だと思ったのです。無償の愛を経験すると、ふとその愛情を注いでいる娘に同化する瞬間があります。小さな娘を抱っこしながらあやしていると、自分が赤ちゃんだった頃に、両親にあやされていたことを思い出すような錯覚に陥ることがあります。具体的な記憶というよりかは、無意識下の記憶へのアクセスかもしれません。

自分もこうやって、三十六年前に育てられたんだなぁ、とはじめてリアルに実感し、自分の中に欠けていた原初の記憶をどこか穴埋めしてくれたように思えたのです。僕の場合は、父親になってはじめて、自分の両親への本当の感謝の気持ちが芽生えました。そして、この先きっと、「老いと介護」についても同じことが起きるのでしょう。

そうした経験の中で、自分の自我みたいなものが薄くなっていくのを感じました。「自分のために」という個人の単位から夫婦というペアになり、娘の誕生でトライアングルの「家族」になったのです。僕個人としての自我は、今でももちろんありますが、家族という単位へと拡張されたように思います。それは、「無私」に近づいたような感覚です。守るべき存在がいることで、より一層頑張れる。人生におけるプライオリティーがシフトしたのです。

こうした自我から無私への変化は、人間の成熟への扉ではないか、という微《かす》かな自覚が芽生えてきました。なにも成熟が絶対善のように正しいとは限りませんが、僕はできれば大人として成熟したいと思っています。

そして、娘と共に過ごす時間は、何か自分が大人として彼女に教えてあげなければならないと思っていたのですが、むしろ彼女から僕が何かを教えられているような不思議な気持ちになりました。か弱い状態で生まれてきた娘をこの腕に抱いていると、生命力としか言いようのないものをヒシヒシと感じるのです。


その無目的な生命力に突き動かされた、とてつもなく深いものに触れると、自分の頭の中で考えている枠組みが崩壊し、物事を安易に解釈したり、計測したり、効率よく何かをしてやろうという思惑に、それほど執着する意味合いが見出せなくなってしまいました。

むしろ、この言葉にし難い生命力らしきものを、なるべく感知し、多様に遍在するシグナルをそのまま受け取りたいと思うようになったのです。

それは、僕の頭の中の理論などでコントロールできるようなものではないことを、実感しました。ただただ、自分が受け身となって、この生命が発しているメッセージへ想像力を働かせ続けるしかない、と。

そうしていると、娘がまるで人間が言語体系を構築していなかった古《いにしえ》の人間のような存在に思えてきたのです。遥《はる》か遠くの私たちの祖先のことを想像し得《う》るに、言語がないということは、理論もなく、時間という感覚もなく、自分とただただ未分化な世界の中に行為だけがあったはずです。それも、特定のベクトルをもつことなく、自由自在に流れていくだけの行為。

このような赤ちゃんの行為についていくのは、なかなか大変です。大人の体力も消耗します。しかし、赤ちゃんは、生きることに必死なので、こちらも必死に応《こた》えてあげないと、すぐにうまくいかなくなります。自分の思うようにならない子育てという時間において、何かを計画通り執行することは難しく、その場その場で柔軟に対応するしかありません。

これこそ、レヴィ゠ストロースのいうブリコラージュではないでしょうか。予定調和に事が進まない中で、いかにして、身体知のようなもの、あるいは野生の思考を発動させながら娘と豊かな非言語的コミュニケーションを成り立たせるかを考えています。この自分が最も愛情を注いでいる対象が、まったく思い通りにならないことが、自分という個人の枠を大きく広げてくれるように日々感じています。

合気道のお稽古のように、僕は娘をこの腕の中に抱えて、可能な限り彼女と同期しようとしています。まさに自分の想像を一気に凌駕するような行動をする娘とのかけがえのない時間を介して、生命力の神秘を少しの間だけ体験しているのかもしれません。

畳の新しい可能性の模索

生命力を感じる素材として、いま僕が注目しているもののひとつに畳があります。毎日凱風館の道場の畳の上で合気道のお稽古をするようになり、この素材の素晴らしさを身にしみて感じるようになりました。

現代日本の生活から畳がその存在感を失って久しい。畳の上に布団を敷いて寝る。起きたら、布団を畳んで押し入れに仕舞い、ちゃぶ台を置く。すると、「寝室」だった部屋が、瞬時に「ダイニング」に替わるのです。しかし、高度経済成長を機に、日本人の生活は、布団からベットに、ちゃぶ台からテーブルと椅子に変化していきました。西洋化に伴って家の中から「和室」と呼ばれるフレキシブルな部屋がなくなり、畳が姿を消しつつあるのです。

山形県寒河江《さがえ》市で畳屋さんを営んでいる四代目の鏡芳昭《かがみよしあき》さんが、茅場町《かやばちょう》の森岡書店で開催された僕のドローイングの個展に来てくれたのは、数年前。当時、「ほぼ日刊イトイ新聞」で僕が書いていた『みんなの家。』の連載を読んでくれていたのが、ご縁です。同世代の鏡さんから、畳の現状について、また畳の原料であるい草をつくっている農家さんたちの置かれている厳しい現状について、話を伺いました。

鏡さんは、「い草は、農作物だ」と言います。苗を育て、田植えをして、収穫をする。次に泥につけて、乾燥させる。それから、い草を丁寧に仕分けて、編み込むことで「畳表《たたみおもて》」が完成します。稲の藁《わら》を長さ九〇センチ×一八〇センチに圧縮し、その畳表で包むことで、厚み六センチほどの畳が出来上がるのです。

畳の上を裸足で歩くと気持ちよく滑ります。い草の香りもすごく気持ちが良いものです。稲作文化の盛んな日本だからこそ、熟成された経験と知恵によって生み出された万能素材と言えるでしょう。自然素材ということは、呼吸をします。畳の部屋は、空気の湿度調整もしてくれるのです。しかし、自然素材であるということは、もちろん、歳を取ることで自然と色合いも変化していくことを意味します。

昔の日本人は兼ね備えていたであろう、きつね色になった畳の味わいを喜べる感性が失われてしまうのは、あまりにも惜しい。柔道で使われるような（国際基準で定められた）カラフルなビニール畳などは、逆に、ほとんど経年変化しないように丈夫であることを第一につくられており、良い歳の取り方をする素材とは言えません。

そこで、ただ単に使われなくなってしまった畳という素材を昔のように普及させることを目指すのではなく、鏡さんと一緒に畳やい草の新しい可能性を追求しようと出会ったときから色んなことにチャレンジしてきました。

インドで建てられた畳の東屋（2013）

畳をもっと知ってもらうために熊本の八代《やつしろ》へ行って、い草農家さんたちを取材して、ブックレットをつくったり、イベントで新しい畳やい草の使い道について議論を重ねてきたりしました。二〇一三年には、インドのデリーで行われた国際フェアの日本館の脇に、小さな東屋《あづまや》を僕が設計し、出展したりもしました。これからも、知恵を絞って、自由な発想を下に、い草を使った壁材の研究や、家具のデザインなどもやっていこうと思っています。

安価な中国産のい草の輸入で、畳屋さんが廃業し、街から無くなってしまっていることや、農家さんたちが年々い草づくりから撤退してしまっていることは、とても悲しいことです。これまで培われた豊かな畳文化をしっかり継承しないといけないと思っています。けれども、それと同時に、現代社会のライフスタイルに畳という素材がフィットしなくなったことも、真摯《しんし》に受け止めなければなりません。単純に、昔のようにたくさんつくって、たくさん売るのではなく、きちんと持続可能なシステムの構築を目指したい。

良いものをわかってもらうために、良いものをつくり、適正な価格で販売すること。そのためにも、鏡さんたちとしっかり協力し、畳という床材のみならず、い草が潜在的にもっている新しい可能性も含めて広く検討し、二十一世紀の畳のあり方をみつけたいと思っているのです。

ずっと生きながらえる建築へ

自分の自我が家族の自我へと拡張することで、無私に近い感覚をもつようになってからの大きな変化のひとつが、自分の設計した建築に対してそれを〝作品〟だという認識を持たなくなったことがあります。

高校生の時に村上春樹とジョン・レノンに憧《あこが》れて自分の名前を歴史に残したいと思ったことが今となっては、そうした欲望が薄れてしまい、名誉みたいなものに一切執着しなくなりました。

思えば、ベルリンの街に限らず、旅先でみつけた好きな建築は、多くが名もなき建築家による建築だということに気が付きました。要するに、自分のお気に入りの建築であっても、その設計者を知らないことがよくあります。建築空間に惹きつけられるのに、設計者の名前はそれほど重要なことではないということにはたと気が付いたのです。

そんなのただの看板のひとつに過ぎないのではないか。

詠み人知らずの俳句なども、まさに言葉の力であって、誰によって書かれたかという看板が不要であることを証明してくれています。

それよりも、長い時間に耐えて、ずっと生きられた建築には、それだけ多くの物語を宿した複雑で魅力ある輝きが放たれているように感じてなりません。そうした人間の痕跡が深く刻まれて生きながらえた建築に僕は強く惹きつけられます。まだ充分に使えるのに、むやみに解体されている建物を街で見ると心が痛むのはそのためです。

グラナダにある《アルハンブラ宮殿》は、その時間をまとった最たる建築のひとつだと思います。キリスト文化とイスラム文化の建築様式が互いに排除しないで、不思議と結びつき合って、習合させながら同居しているのが、たまらなく魅力的なのです。こうした時間の蓄積というものは、取り壊してしまったら二度と取り返しがつきません。一回限りの営みだから尊いのではないでしょうか。設計者が誰であろうと、アルハンブラ宮殿の魅力に、変わりはありません。

建築が竣工《しゅんこう》した綺麗な状態が一番美しくて、そこから時間と共にくたびれていくだけでは、あまりに悲し過ぎます。むしろ、時間と共に変化（リノベーション）しながらも、人の生活と共に生きながらえた建築には、新築（状態）にはない独特の風情《ふぜい》が定着していくのです。

僕は、自分の建築を作品として考えることに興味がなくなったのは、むしろ、この建築にとって、永く魅力的な歳の取り方をしてほしいと思うようになったからかもしれません。本が読者によって完成するように、建築もまた住まい手によって生きられて完成するものだと思うのです。

そして、時間の経過と共に生きながらえた建築には、機能やお金では計り知ることのできない豊かさがうまれ、住まい手にとって何物にも代用できない空間になっていきます。愛情と敬意をもって生き続けることで、建築は「長い時間に耐えながら見出される美しさ」がある。日本建築の茶室などに見られる侘《わ》び寂《さ》びという考え方も、そうした古い物を愛《め》でる日本の素晴らしい文化ではないでしょうか。建築にも長く雨風に晒《さら》されることによって醸し出される、時間をまとった美しさの強度が必ずあるのです。

そのためには、使い手が愛着をもってその建築と一緒に長く生きる必要があります。アンチエイジングなどまったく必要ない。自然の中で朽ちていくことを悪いことだと断罪しないで、しっかりとメンテナンスしながらも、築五年の建築には築五年なりの建築の姿があり、築五十年の建築には、築五十年なりの佇まいがあるのです。

それは、ひとつとして同じ歳《とし》の取り方をする人間がいないように、それぞれの美しさを尊重し、認めることを意味します。それぞれの建築が、それぞれの歳の取り方を、それぞれに探求していけばいい。建築家として、そうした建築の魅力を最大限引き出せるように人と空間との対話を重ねたいと思っています。

例えば凱風館は僕の処女作ですが、完成当初の雑誌に掲載されたピカピカの姿より、五年経った今の方が多くの物語をまとい、空間が濃密になっていると思います。床についた傷や、汚れてしまった壁も、ひとつの必然として、今こうして在る姿だと思うからです。お稽古前と、お稽古後にみんなで掃除をしますが、擬人化した道場に「ありがとう」という気持ちをもって、埃《ほこり》を掃き、雑巾で拭《ふ》きます。そうやって道場空間はゆっくり練り込まれていくのです。みんなが手入れした建築はそれだけ美しい上に、いい歳の取り方ができると思います。

だから、凱風館が「光嶋裕介の処女作」として認識されることよりも、内田先生のもとで合気道を学ぶ門人たちによって、ずっと手入れされ、合気道の扉が未知なる他人へと受け継がれることがなにより嬉《うれ》しい。これは、先に述べた歴史に名前を残したいという思いから遠く離れたところにあるように思います。そういう意味において、自分の設計した建築空間から「名前を消す」ことができれば、住まい手によって愛情と敬意をもって建築が生きられていることのひとつの証となるのではないでしょうか。

家族の「記憶の器」

結婚して自分の家族をもつようになって、わかったことは、どうあがいても自分自身の育った家族という経験の呪縛の強さみたいなものです。誰もが自分の育った家族というたったひとつのサンプルを基準にして、自らの家族を構築するしかありません。

自分がしてもらったことを、自分が娘にしてあげられるかを、僕は日々葛藤しながら子育てしています。模範解答がない子育ては、あれこれ考え込むより、楽しむしかないと思うようになりました。考え過ぎても、いいことなどありません。

幸いにも僕らの周りには両家の両親のほかにも、たくさんの大人がいます。一緒に合気道する道友たちや、妻の指導する凱風館少年部の子供たちのお母さん方が親身になってたくさん助言をしてくれます。先輩ママさんたちには、洋服などのお下がりもたくさん譲り受けました。とにかくよく助けてもらっています。

わからないことだらけの子育ては、経験者に助けてもらいながら、日々の成長を見守ることが一番健全だと思うのです。家族という存在を核にして、近所の方々も含めて、多くの友人たちと一緒に子育てすることがなにより楽しいのは、一緒になって喜びも悲しみも共有できるからです。そのためにも、家族からはじまる共同体のほかにたくさんの帰属先をもっておくことが、娘の成長にとっても、すごく大切なことだと思っています。

およそ人生の半分を海外で過ごした帰国子女として、帰ってくるべき場所としての「家族」の存在は、僕にとってすごく大きかった。建築家として働く今も、クライアントがみな家族のようになっていくことで、顔の見える「みんな」が緩やかにつながる共同体を形成していくことは、とても嬉しいことです。こうした「拡大家族」によって、人は幸せに生きられるようになるのではないでしょうか。

アメリカの作家カート・ヴォネガットは、重力が増減し、孤独に苛《さいな》まれる〈絶死病〉という病が流行する不思議な世界を描いた自伝的な小説の中で、こう言っています。

こんなに大きくてぶざまな国に住むにはありったけの身内が必要だと、いまさっき、わたしたちの意見は一致したばかりじゃありませんか。たとえばですよ、もしあなたがワイオミングへ行くことになったとする。そこに大ぜいの身内がいるとわかっていれば、心強いと思いませんか？

（『スラップスティック』ハヤカワ文庫ＳＦ、一九八三）

ヴォネガットは、年老いた元大統領のウィルバー・ダフォディル－11・スウェイン医師の手記として、このドタバタ喜劇を描いています。ウィルバーは、孤独から人々を救うのは「人工的な拡大家族」だと確信し、「もう孤独じゃない！」というキャッチフレーズで自身の大統領選挙キャンペーンに打って出ます。

このとき、わざわざ「人工的」と書いていることには、意味があるのです。というのも、日々の生活を豊かにする鍵《かぎ》は、多くの「身内」に囲まれていることだと、ウィルバーは考えています。そして、自分の本当の家族を超えて、身内を拡大していく方法として、自らが勝手に共通の「ミドルネーム」をもつことを提案します。もちろん、これは、小説の中のフィクションですが、同じ名前をもつことによって生まれる親近感を、人工的な拡大家族の肝に据えたのです。ただ、方法はどうであったとしても、たまたま同じ地域に住まうことになった近所の方々や、何かのご縁で知り合った友人など、貴重な拡大家族をつくるためにもっとも大切なことも、ヴォネガットは、ちゃんと教えてくれています。

どうか――愛をちょっぴり少なめに、ありふれた親切をちょっぴり多めに（前掲書）

つまり、人工的な拡大家族をつくるのには、ありふれた親切が必要なのです。とてもシンプルだけど、これが意外に難しいことだったりします。
そして、その共同体に対して、身内のように接すること。その共同体が単なる共通の職業や、趣味・趣向の持ち主であってはなりません。そうした拡大家族がよくない理由について、ヴォネガットは、「子供や老人や主婦、それにあらゆる種類の敗北者が、仲間はずれにされているから」とも書いています。やはり、弱者にも開かれた、多様で利害関係の発生しないことと、世代をつないで伝えるべきものを共有した雑多な共同体であることが、人工的な拡大家族をつくるには大切なようです。

また拡大家族という共同体を形成することが、同時に少なからず排他性をもってしまうことにも意識的でありたい。つまり過剰な帰属意識がその外にいる人たちに対して排他的になってしまうのを避けるために、共同体のメンバーがオープンであり、寛容さをもってゆるくつながることが大事だと思うのです。

そんな多様な人とのつながり方を可能にする建築を僕は、つくりたい。家がその人の生き方の象徴でもあるように、それぞれの人にとって、それぞれの心地よい空間を設計する手助けができれば、それは、とても幸せなこと。

凱風館が顔の見える「みんなの家」であるということは、内田先生とその門人たちを含む人工的な拡大家族のための合気道をする道場であるということです。そして、愛着をもって育てられる建築にとって、老若男女の雑多なメンバーを抱える拡大家族の存在が、欠かせません。

当たり前ですが、建築は完成すると工務店と建築家の手を離れます。つまり、手塩にかけてつくられた建築も、ひとたび竣工すると、住まい手のものになります。そこで、愛情と敬意をもって丁寧に住まわれることで空間がはじめて生きられる。たくさんの人と人のつながりの舞台として物語が誕生し、建築がそうした一つひとつのかけがえのない経験の「記憶の器」となっていくのです。

第四章　夢との対話

1　夢のチカラ

「建築家になりたい」という具体的な夢を大学生になる少し前の高校三年生の時からずっと見ていたことは、大きな支えとなりました。自分の目指すべき方向に対して、はっきりとしたパースペクティブが常にあったおかげで、大きく迷うことなく夢に向かって邁進《まいしん》することができたように思います。

山登りにたとえると、目指すべき大きな山の頂《いただき》は、はじめからはっきりと見えていたのです。そこまで登る目の前の道が見えていなかったとしても、あそこに行きたいというゴールがずっと変わらなかったということ。夢が高いところにあればあるほど、不安も大きくなりがちです。しかし、目的が明確に見えているということで、遠回りになっても、あそこに行きたいという夢をもつことが、強い原動力となって、いつも背中を押してくれたことは、間違いありません。

石山さんという師の背中や、世界を旅して描きこんだスケッチによって拡張してきた自分の地図のおかげで、ゆっくりとでも霧が晴れるときがあり、少しずつ歩みを進めることができました。ときに道なき道を進むような困難な決断であっても、建築家になりたいというたしかな夢は、ぶれることがなかったのが、いまにして思えば、とても幸せなことだったように思います。

いつかあの頂に到達したいと思いながら、寄り道や遠回りもしつつ、大きな方向性としては、行きたい場所があることでずいぶん助けられました。建築に人生を懸《か》けてもいいと思えたからこそ努力することがまったく苦痛でなかったように思います。心の声から発して努力するということが、自らの思いを出発点にするということだったのです。

人に言われてやる努力は、決して長続きしません。夏休みの宿題のことを思えば、あれをやらされていると思うと、とたんに努力することが嫌になります。しかし、誰かに言われたからではなく、自分自身の声として遂行されれば、努力だって楽しいものに変わります。好きだから、やる。やりたいからやる。努力と思わずにやってしまうのです。

やらされているのではなく、自分からやるということは、自らの「やりたい」という気持ちを大切にするという極めて単純なこと。それを突き動かすものは、何かが「わからないからわかりたい」という好奇心なのです。そして、その好奇心の中心には、いつも「驚き」があります。

農薬などによる環境汚染問題を鋭く突いた『沈黙の春』（新潮文庫、一九七四）を書いた海洋生物学者のレイチェル・カーソンの遺作に『センス・オブ・ワンダー』（新潮社、一九九六）という美しい本があります。未来の子供たちへのメッセージとして、美しい自然を見て驚く感性を大切に育《はぐく》んでほしい、と切に綴《つづ》られています。

わからないことって、勉強したり、考えたりして、少しわかったとしても、また次なる「わからない」が必ず誕生します。この終わりなきループを楽しむのです。そもそも、わからないことは、なにも悪いことではありません。むしろ、強い探究心を育むのは、わからないことをわかりたいと思うことが原点にあり、それが創造の種となるのです。

こうして自発的に努力していると、目的地に近づいたときの喜びも、ひとしおです。なんとなく、という半端な心持ちでは厳しい山登りなどできるものではありません。やはり、自分で自分を奮《ふる》い立たせるような努力する喜びを味わうことでのみ、辛いことであっても、継続して頑張れるのではないでしょうか。そのような自然に努力するサイクルに導いてくれる源こそ、夢なのです。

今は、そうした夢をもつことが難しい時代かもしれません。わかりやすい夢を共有できなくなっているのには、理由があるように思います。高度に情報化された社会において、世の中が複雑多岐にわたって分節化されてしまい、たしかな実感として、自分が「なに」を求めているのかが見えにくくなっているように思うのです。

身の回りに情報があふれ過ぎているために、なにごともはじまる前からすっかり査定してしまっているという癖がついてしまい、夢に向かって邁進する前からどこか冷めてしまっているのかもしれません。

何かを求める際に、常に見返りを求めてしまうことが、夢を査定してしまうことのデメリットではないでしょうか。比較し過ぎることが、夢を見にくくしている要因のように思えてなりません。

要するに、「○○になりたい」という夢よりも、どこか打算的に「お金持ちになれるから」あるいは「有名になれるから」、「モテたいから」といった結果や理由、条件などが先行してしまっているように思うのです。まだろくにトライもしていないのに、結果を想定している時点で、純粋に夢の働きは、あまり効果を持たなくなってしまいます。

何物でもない人が何物かになりたいと夢見たときに、その結果どうなるかを、既に査定するような評価目標があるのであれば、それはとても狭い価値観の中での窮屈かつ不自由な判断でしかあり得ません。そんな夢は、弱いパースペクティブしか与えてくれないものです。夢が夢として、強く人を動かすことができるのは、もっとシンプルに、なにかの結果や見返りを求めるのではなく、その職業に対する純粋な憧《あこが》れのような直感的感情なのではないでしょうか。

僕の場合は、今まで書いてきたように家族をはじめ、多くの先人たちや師、友人との出逢《であ》いのおかげで、迷いながらも進むべき方向を見つけることができました。僕は人からなにかを教えられるというより、自分の内なる声がそうしたご縁を通して道標《みちしるべ》になっていったように思います。

その自分の内なる声をたしかめることができたのは、実はあの寝ている時にみる「夢」だったのではないか、と密《ひそ》かに思っています。

寝ているときの夢

夢の専門家である心理学者の河合隼雄《かわいはやお》は、鎌倉時代の名僧である明恵《みようえ》の夢分析を一冊にまとめた『明恵　夢を生きる』（京都松柏社《しようはくしや》、一九八七）の中で、「夢は心全体の平衡状態を回復させる機能をもつ」と述べています。続けて、「われわれが自分の夢に注目し、それを自分の自我の在り方と照合し、夢の告げるところの意味を悟り、自分の生き方をそれに従って改変してゆくときは、以前よりは高次の統合的な存在へと向かって変化してゆくことになる」と教えてくれるのです。

僕にも思い当たる節があります。

僕は昔から、いつでもどこでも寝られることを得意とするところがあり、寝起きにはっきりと夢を覚えていることがときどきあるのです。そうした夢はどこか象徴的で、自分の悩みをスッと解決してくれるようなことがしばしばあります。

大学院卒業間際のときのこと

自分がヨーロッパで働いてみたいということを確信しつつも、実際に外国の建築家たちに手紙を書いて就職するということができるのか、不安もたくさんありました。前例のないことに挑戦するときは、いつだってそういうものです。自分の抱える不安という壁を乗り越えなければなりません。そうした将来のことをあれこれ連想するのは、大体の場合が寝る前の夜の深い時間です。

　すると、自分がスイスの山奥にある街ハルデンシュタインで暮らしている夢を見たのです。そこは、第一志望であるピーター・ズントーの設計事務所がある山間《やまあい》の街でした。僕は夢の中で、天井の高い古民家の白い壁の小さな部屋を借りて、二つの三脚に板を架けただけの簡易テーブルに向かって、日記を書いていました。とても具体的に夢のディテールまで情景をはっきりと覚えていました。縦に細長いモスグリーン色の木枠の窓が半分だけ開いていて、小鳥のさえずりとともに、早朝の爽《さわ》やかな春の風が部屋に入ってきていました。

　実際に目が覚めると、そこはもちろんスイスではなく、東京の西落合のアパートの部屋のベッドの上でした。しかし、僕は夢の中でたしかにヨーロッパ生活を送っていました。それが、とてつもなく嬉《うれ》しかった。もちろん、その後実際にはベルリンの設計事務所で採用されるのですが、あの夢は、僕にとって暗示的で、ある種の無根拠な自信を与えてくれたのです。

「石橋を叩《たた》いて渡れ」と言いますが、どんな石橋も叩けば揺れるもの。揺れると誰だって不安になります。どうなるかわからない未来のことは、やってみなきゃわからないという楽観的な気持ちをもって、行動することに決めたのです。ほんの少しの勇気が必要です。まったく叩かないで石橋を渡るのも危険ですが、渡りたいと思った橋を前にして行動しないという、取り返しのつかない後悔の方が圧倒的に嫌だと思ったからです。

　やらなかったことをやればよかったなぁと後ろ向きに考えるより、やってみてダメだった前向きな失敗の経験の方がはるかに次に進めると思いました。未来の夢の強度を、寝ているときの夢で確認するような不思議な体験でした。


　そういえば、小学生のときから遠足や修学旅行、あるいは次の日に大リーグの試合を球場に観に行く予定がある前日とかは、ドキドキして寝つきが悪かった。そういうときに限って、必ずと言っていいほど夢を見ます。まだ行っていないはずの、広島行きの修学旅行の新幹線で友達たちとカードゲームのＵＮＯ《ウノ》に熱中している情景や、ヤンキース・スタジアムでデレック・ジーター選手の打ったファウルボールをキャッチする夢（これは、残念ながら正夢にはなりませんでした）を見たりしました。

　あまりに楽しみなことは、いつも現実より先に夢で見ることが、しばしばありました。それは、夢の中で疑似体験というか、現実の予行練習をしているような気にさえなります。見ていた夢が正夢になると、現実世界が「デジャヴ（既視感）」のように思えるのは、なんだか不思議なものです。だから、僕はスイスで働いている夢を見た時に、あっ、これはもしかしたら実現するのではないか、と思い、不安よりも期待の方が大きくなった経験をよく覚えています。

河合は本の中で、フロイトの言った有名な文言として、夢は、夢を見た人の「（抑圧された）願望の、（偽装された）充足である」ということを紹介しながら、日本人にとって夢には昔から「神のお告げ」という側面があったとも述べています。僕がこの『明恵』という本を読みながら目からウロコが落ちて、何度も深く頷《うなず》きながら読むことができたのは、先に述べた自分の見てきた夢に対して、すごく説得力をもって迫ってきたからにほかなりません。

だから、今でも僕は寝ているときに見た夢を大切にしようと思っているのもそのためです。意識して都合のいい夢を見ることは、もちろんできませんが、設計で思い悩んでいるときや、原稿がなかなか進まない夜は、よく夢の中で設計や原稿の続きを書いていたりします。

寝不足であったとしても、なるべく朝起きてすぐに仕事をするようにしているのもそのためです。夢の時間に近い寝起きの時間が新鮮な内に、仕事に取り掛かるようにしたいのです。午前中の仕事が、どこか無意識の世界である自分の夢との共同作業であるような、微《かす》かな実感をもつようになったからです。

僕は夢ノートのようなものをつけているわけではありませんが、多くの作家やクリエイターたちが、夢を創造の源泉のひとつと捉《とら》えていることには、強く共感します。夏目《なつめ》漱石《そうせき》の『夢十夜』（岩波文庫、一九八六）も好きで、何度も読み返しました。大好きな手塚治虫の『火の鳥（鳳凰《ほうおう》編）』にも、仏師《ぶっし》を目指す茜丸《あかねまる》が夢の中で火の鳥に出会い、その姿を鳳凰像として見事に彫ってみせる印象的なシーンがあります。

アンリ・ルソー《夢》（ニューヨーク近代美術館、キャンバスに油絵、1910）

また、ニューヨークの近代美術館には、《夢》と題された僕の好きな絵画があります。フランス人画家アンリ・ルソーによるものです。魅惑的な月明かりに照らされ、生命力あふれる草花と動物たちに囲まれて、長椅子に腰掛けた裸の女性「ヤドヴィガ」が描かれています。横三メートル、高さ二メートルほどもあるこの大作をはじめて目にしたときは、息をのみました。この絵に込められた深いエネルギーに包まれて、ずっと昔から知っていた風景のような、どこか懐かしい思いがしたのをよく覚えています。ここに描かれている優美な世界は、ヤドヴィガが見ている夢の世界なのでしょうか。

寝ているときに見る夢は、自分の起きている時に経験したものを、予想もしない組み合わせとして再構成する形で登場するから面白い、と思うのです。そこに、創造のメカニズムが発動するのでしょう。逆に、まったく自分の見聞きしたことのない、想像したこともない、理解もできない言葉や映像が夢の中に登場することはありません。すべて、自分の経験の総体から、思いも寄らぬもの同士の結びつきとして、頭の中で再編集されて登場します。

先に述べた自分の地図は、起きているあいだは意識的に自分で整理することができますが、夢を見ている時でさえ、実は脳が自分たちの地図の解像度をさらに上げてくれているのかもしれません。無意識の操作によって、頭を整理する作業が続けられていると言っても過言ではないのです。それにより、幾つかのイメージが予想外に組み合わされ、現実世界の自分にとってお告げとなるような力を発揮するのではないでしょうか。

小説家のいとうせいこうさんが東日本大震災を契機に十数年ぶりに書いた『想像ラジオ』（河出書房新社、二〇一三）は、圧巻の小説でした。その強烈な文学作品を評して、政治学者の中島岳志《なかじまたけし》さんが新聞に書いた次の文章を読んで、ハッとさせられたのを覚えています。

生きている我々は、大切な人が亡くなると、喪失感を味わう。その人の空白に絶望し、生きる希望を失う。しかし、二人称の死は単なる喪失ではない。必ず我々は、死者となった他者と出会い直す。生者同士の頃の関係とは異なる新たな関係が生まれる。

（「毎日新聞」書評、二〇一三年四月七日）

というのも、実は二〇一三年と二〇一五年に、義理の祖母と母方の祖母を連続して亡くして以来、会えなくなってしまった二人のおばあちゃんたちともっと語り合えたらなぁ、と思っていたからです。

二人のおばあちゃんと、こんなことやあんなこと、新しく生まれてきてくれた娘のこと、いろいろと話したいことが山ほどあるのに、そうできないことを悲しく思っていました。もう二度とおしゃべりできないことで、あの優しい語り口で応援してくれていたおばあちゃんたちともっと一緒に時間を過ごせたら、と深い喪失感に襲われていました。

しかし、死者と出会い直すことができるということに、救われたのです。

そうか、人の命は限りあるもの。亡くなってしまったことは、とても悲しいけど、心の中のおばあちゃんと話すことができるのだと、再確認できました。昔の写真を見ながら、おばあちゃんと語り合う時間は、実際に面と向かって会うこととは、明らかに質感の異なる経験ですが、当人不在であっても、心の中での会話だって、ものすごく温かく、リアルなものとして感じることができるようになったのです。この心のぬくもりが、生きていた時とは違ったあり方で、おばあちゃんを身近に感じられました。これこそが、死者と出会い直すことなのではないか、とはじめて理解したのです。


先に見た第二ゲーテアヌムを建てたシュタイナーも、眠りと死者の世界について、次のような示唆に富んだ文章を書いています。

> 人間生活の中で死者と結びつくことのない眠りや目覚めの瞬間は存在しません。眠りに入るときは、私たちが死者に向かい合うのに特別好都合な時間です。死者に何かをた

ずねたいときは、眠るときまで、問いを心の中に抱き続けます。

（『死について』春秋社、二〇一二）

死者たちは、僕の夢にも、やはり、ときおり登場します。これは、ベルリンに住んでいた時に亡くなってしまった祖父のことです。

翌年に帰国が決まっていたベルリン生活四年目の際に、父から国際電話がかかってきました。祖父の訃報を知り、こみ上げてくる涙を事務所の外でグッと堪《こら》えるのに必死でした。僕は葬儀のために帰国したかったのですが、もう少ししたら本帰国することも決まっていたし、「ドイツからの気持ちだけで充分だから」という家族の気遣いで、葬式には参列しませんでした。それが、ずっと心残りだったのです。

言葉少ないおじいちゃんでしたが、夢を追いかけて異国の地で暮らす僕のことをなにより気にかけてくれていたことは、母からよく伝え聞いていました。立派な会社に就職した兄と弟と違って、僕は建築家になると言って、独立する道を選んだことを理解してくれていた半面、きっと心配していたのかもしれません。

その後、帰国してからおじいちゃんのお墓参りもしましたが、一級建築士の勉強をしながら将来のことに不安を抱えていた頃、夢の中におじいちゃんが現れたことがありました。ただ、夢の中に登場しただけです。なにか特別なシーンではなかったように思います。「裕介は、裕介のやりたいように頑張りなさい」というような優しい言葉を掛けてくれたわけでもありません。目が覚めた時点で、夢の内容はすっかり忘れてしまっていましたが、おじいちゃんが夢に登場してくれたことのわずかな残像が目覚めてもなお残っており、なんだか心が温かくなっていました。僕には夢の中でひとときの再会ができたことだけで、既にどこか将来に対して悩んでいた自分を、後押ししてくれたように思えました。無口なおじいちゃんと夢で再会したことが嬉しかったし、独立することに前向きな気持ちになれたのです。

タイミングを見極める

僕は、寝ているときの夢は自分の中でチャンスを摑《つか》むタイミングを見極めるきっかけだと思うようになりました。世の中の多くのことが、自分の力だけではなく、どうすることもできない、コントロール不能な力の作用によって成り立っているからです。

自分の努力や行動の及ばないところで、物事が動きながら決まっていくことがしばしばあります。そうした予測不能な世の中において、いつ、どこで、どのようにして決断を下すのか、行動に移すべきなのかを夢が教えてくれると信じるようにしているのです。河合は、それを「神のお告げ」と言ったわけですが、自分の力ではどうにもならないシグナルをちゃんと感知することが、チャンスを生かすことにつながるのだと思うようになりました。

そういう意味においては、寝ている時の夢は、なにも特別なものではなく、もうひとつのあったかもしれない現実、つまり弱い現実の兆候というふうに理解することができると思ったのです。

不言実行より、有言実行を僕が好むのも、多くのことが自分ではどうしようもない時でも、自分が起こしたアクションに対して、責任を持たねばならないと思っているからです。不言実行は、ストイックな印象があり、カッコいい。言うなれば、実行して失敗しても、なかったことと同意だったりします。

しかし、有言実行となれば、他人に言ってしまった以上、成功も失敗も、同様に受け入れなければならない。「やる」ということを口外してしまったことで、その結果もまた完全に自分の責任として肩にずっしりのしかかってきます。そのエネルギーは決して小さくありません。

だから、いつ実行するのか、というタイミングの話は、とても重要な判断を要するものなのです。直感も大事ですが、寝ている時に見る夢にも弱い現実としての有効なヒントがあると思っています。つまり、悩んでいる時こそ頭をフル回転させて、四六時中そのことを考えているわけで、そういう状況下では、寝ているときもずっと考え続けているのではないでしょうか。

頭の中の机や棚があふれんばかりの書類でごちゃごちゃな時に、整理整頓のために考える作業は、寝ている間も継続しているのでしょう。だから、睡眠を介して生まれた着想やお告げを大事にしたい。夢などといった論理の埒外《らちがい》にあるものを信用してはならないとは、どうしても思えないのです。

むしろ、論理から遠く離れた不条理なものであるからこそ、夢には死者と出会い直すきっかけを与えてくれたり、何かアクションを起こすタイミングを見極めたりする力があるように思えてなりません。

眠れる空間

一日の六時間を寝ているとすると、ひとは人生の四分の一を睡眠に費やしていることになります。それだけの時間を寝て過ごしているということは、きっと睡眠というものには、大切な役割があるのではないでしょうか。身体を休めることで、体内の臓器が健康に機能するためのコンディションを整えていることは容易に想像できます。ちょっとした風邪などの体調不良は、寝て治るもの。睡眠が人間にとって重要であるように、建築空間にとってもまた眠る必要があると考えてみてはいかがでしょうか。

先日、内田先生と道場でお話ししていると、「道場空間が練り込まれていくのは、みんながお稽古している時間《とき》もそうなんだけど、それと同様に、だれもいない時間がとても大事だと思うんだよね」と仰いました。たしかに、凱風館《がいふうかん》は日曜日以外、毎日合気道のお稽古をしていますが、お稽古が二時間とその前後に一時間ずつでも実質一日のうち四時間しか道場を使用していません。すると、それ以外の時間は、だれも足を踏み入れず、ひっそりと空間が寝ていると考えられるのです。

空間も寝ることで、起きている（人がいる）ときの行為によって立ち上がった見えるもの、見えないものの両方が空気の中に練り込まれ、ゆっくり沈殿すると考えられないでしょうか。ある種の浄化作用が働き、空気の密度が上がるのかもしれません。内田先生は、だれもいない道場の扉を朝一番に開いたときに、それを感じると言います。毎朝、神棚に向かって祝詞《のりと》を唱えるお務めをするときに、空っぽの道場の空気に粘り気を感じる、と。

思えば、高校生のときに部活の朝練で普段より早く体育館に行くと、だれもいなくて、静まり返っている空間にどこか独特な雰囲気を感じたのをよく覚えています。あれだって、なにか前日に体育館が施錠されたあとから一夜眠ったことで、空気が練り込まれたばかりの新鮮な状態の気持ち良さだと思うのです。宮崎駿《はやお》監督作品の『となりのトトロ』でサツキとメイが引っ越した新しい家に出現した「まっくろくろすけ」なる妖精も、まさに空間が眠りから目覚める時に出るのは、決して偶然ではないでしょう。

睡眠が人間の身体を整えるように、空間もまた寝ることで整えられていると考えると、先に述べた「生命力のある建築」というものは、人間が不在のときにこそ仕込まれているように思えてならないのです。住宅であっても、教会であっても、学校に、劇場、美術館、いかなる建築も、二十四時間、つねに人がいるわけではありません。どんな建築であっても、いわば「空間の休み時間」が必要なのです。何もない絶対的な静寂の時間。

人間のように夢を見ることはないでしょうが、建築空間にとってオンとオフのバランスを保ちながらサイクルを生み出すことが大切だと思うようになりました。この陰と陽の反復によって、空間に生命力が宿るのではないかと、考えています。

夢のプロセス

サッカー日本代表の本田圭佑《ほんだけいすけ》選手が、「将来の夢」と題した小学校の卒業文集に「大人になったら世界一のサッカー選手になりたい、というよりなる。（中略）ヨーロッパのセリエAに入団します。そしてレギュラーになって、10番で活躍します」と具体的な夢を描いていたことは有名な話です。

スポーツの世界では、特に幼い頃からずっと夢をもって努力し続けることで実現する感動の物語が多く存在します。夢を叶《かな》えるために一途《いちず》な思いを持ち続けることが大きな力になることは間違いありません。

それだけの情熱をもって、「サッカーが上手になりたい」という純粋な探究心を持続することが、夢を叶えてくれると言えるでしょう。なにもスポーツに限らず、あらゆることにおいても、この探究する深度と覚悟があれば、夢は自分のものになります。

その先には、社会に認知される、されない、にかかわらず、一貫した思想を築くことができるでしょう。そのような自分のライフワークとして探究できるものをみつけることは、かけがえのない幸せの種となります。そのために自分のセンサーを開放し、夢の扉を開くことを恐れないでほしい。ほんの少しの勇気をもって、その種子を育てるためのアクションを起こしてほしいのです。

僕が抱いた、「ヨーロッパで働いてみたい」という夢や、建築家になりたいという夢は、現在、一時的に叶っているのかもしれません。それを叶えてくれたのは、家族をはじめ師との出逢いや、友人知人たちとのご縁です。みんなのおかげで夢が叶いました。

しかし、まだまだ建築家としてもわからないことが沢山あるように、魅力的な建築をつくるという大きな夢の頂は、はるか遠くにあると感じています。

そういう意味では、夢というものは、少しずつ叶ったり、叶わなかったりして、変わっていくものなのかもしれません。夢の更新と言ってもいいでしょう。先に紹介した本田選手の凄《すご》さは、小学生にして、その夢の精度です。ものすごく具体的だったということ。

もしかすると、大リーガーになった日本人選手の夢の変遷を想像してみると、まずは、甲子園に出場したい▼プロ野球選手になりたい▼首位打者になって活躍したい▼大リーグでプレーしたい▼ワールドシリーズで優勝したい、という風にどんどん変化するのではないでしょうか。そもそも、人は現実世界からの飛躍を求めて夢を見るのであり、その都度、その都度の日常から思考して、夢と対話することでのみ、強度ある夢としてアップグレードされていく。

つまり、夢が叶え続けるものであるとしたら、夢そのものよりも、その夢を実現するまでの道筋《みちすじ》、プロセスこそが鍵《かぎ》になってくると思うのです。建築家として独立した今でも、建築家になりたいという僕の夢は、心の中にずっと存在しています。

そう思い続けられるのは、「建築家になる」ということにゴールがないからです。正確には、「人に喜ばれる良い建築をつくりたい」という夢なのかもしれません。職業としての建築家にとって、一級建築士という免許は、大切な資格ですが、それはリングに上がるための手段であって、決して目的ではありません。問題は、情熱をもって魅力ある空間に対して、探究心を持ち続けられる夢であるか、ということ。

考えてみれば、合気道に対する僕のスタンスも、この夢に対するそれと構造が似ています。合気道に対しても、なにか具体的な目的（ゴール）はなく、生命力を高めるために、ただただ自分の身体感覚に対する飽くなき探究心が僕を突き動かしています。見返りを求めていない、と言い換えることもできるでしょう。

自分の小さな枠に当てはまる目的など優に凌駕《りょうが》するものを、師である内田先生や、そのまた師である多田宏《ひろし》師範が長きにわたって実践されているのをまざまざと見せられると、そうしたものと自分を比較したりすることが、まったく無意味に思えてきます。それよりも、もっと自由になる必要性を感じるばかりです。

旅に出てスケッチすることや、深夜に創作のための幻想都市風景のドローイングを描くことも、また同じように明確な目的が存在せず、行為の意味をそもそも求めずに、そのプロセスこそ一番大事だと思えるからずっと継続することができているように思います。達成可能なゴールを設定しないこと、他人と比較しないで、ただ自分のためにそのことに没頭し、追求することこそ、生き延びるための最大の武器になってくれるのではないでしょうか。何かに夢中になることを夢の中と書くのも納得できます。

みんなの夢

繰り返しになりますが、夢の実現よりもその過程を優先するということは、夢に対して具体的に誰かと比較考量するような目的をもたないことです。自分の夢を追い続けるためには、夢を利己的な思いから立てるのではなく、自分の目の前の現実をより豊かなものにしてくれるための引力となるような夢を追うのがいい。身の丈にあった夢ということではないでしょうか。

僕の場合は、建築家としての初仕事で内田先生と出会い、仕事をしながら、道場の完成と共に合気道をはじめたことで、たくさんのパズルのピースがなめらかに接続されていきました。その後、結婚して、娘が誕生したことで、人生がまた大きく動きました。まるでジェットコースターのように、未知なる場所へと動き続けるような感覚が五年経った今でも継続してあります。

そうしたまわりの人のおかげで、僕は身をゆだねるようにして、夢との対話を健全に重ねることができたのかもしれません。そして、気が付いたことがひとつあります。

それは、自分の夢が、少しずつ上書きされていくと、いつしか、それは僕ひとりの夢ではなく、家族の夢にもなっていくということ。自分より大きなものを背負うということです。これは、きっと更に広がって、顔の見える共同体としてのみんなの夢になるように感じています。

多くのご縁に恵まれて、いま建築家として働かせてもらっていますが、先に僕は、「クライアントがみな家族になっていく」感覚があると書きました。まさにヴォネガットのいう拡大家族です。

自分からはじまった夢が、より幸福な関係をつくることができるのは、自分だけでなく、より多くの人とその夢が共有され、祝福された時だと実感しました。利己的な夢が、利他的な夢へと変わっていく。建築はそうした共同体の夢を叶える記憶の器となることができるのです。

建築を変えることによって、社会を少しでもより良くする。住宅を住みやすくすることで、街をより豊かなものにすることができるのは、世界中の都市が近代化する過程において実証されてきました。科学技術の革新によって生産力を飛躍的に上げ、生活環境を向上させるべく、インフラを整備したり、住宅を整えたりしたのは、まさに建築によって社会という集団の夢が結晶化されたからではないでしょうか。

ここに、建築家という職業の魅力の本質があるように思います。

はじめは小さな夢であったとしても、それを広げて、多くの人との集団的な夢へと育て上げることができる仕事には、大きな達成感が伴います。自分の枠を超えて、仕事ができることは、やりがいがあり、とても幸せなこと。自分の夢がみんなの夢になるということは、人のためにならら自然と頑張れることを意味します。家族をもつようになって、はじめて無償の愛を実感したように、自分のためであるより、他人《ひと》のための時の方があらゆるパフォーマンスは向上すると僕自身の経験上知って驚きました。

顔の見える仕事から、顔の見えない仕事へとステップアップするのにも、この夢の強度、あるいは夢の浸透力が大事になってくると予感しています。自分の依頼主の夢を最大限実現すること（顔の見える夢）をやってきた先には、まだ見ぬ将来の使い手にとっても豊かさや幸福をもたらすような優れた建築を、顔の見えない仕事としても実現したい。

他人と関わりながら働く社会的な仕事としての建築家は、煎《せん》じ詰《つ》めれば、働くことで他人に貢献し、その喜びを拡大していくことで成長するのかもしれません。建築家は、そうして、より社会的な存在になり得るのです。そのためにも、日々の奇跡のようなご縁に感謝しながら、自分の身体感覚を開放し、夢を追い続けられる仲間をみつけ、実践としてのプロセスを大切にしたいと思っています。

究極的にプロセスを大切にするということは、毎日を全《まっと》うするということではないでしょうか。それは、「今日が人生最期の日になっても後悔しない」生き方なのかもしれません。これを実践するのは、ものすごく難しいことです。

批評家の若松英輔《わかまつえいすけ》さんは、文章を書くことの覚悟について、次のように説いています。

これが、自分が書く最後の文章だ、と思って書くことだ。今書いている言葉は、生者だけでなく、死者たちにも届く、と信じて書くことだ。そしてこの文章は、誰か未知の他者が、この世で読む、最後のものになるかもしれないと思って書くことだ。

（『生きていくうえで、かけがえのないこと』亜紀書房、二〇一六）

まさにこの設計が最後の建築になるかもしれない。あるいは、このスケッチが最後の一枚になるかもしれない、その可能性にできるだけ自覚的でありたいと思っています。

夢との対話とは、今の自分の現状を客観的に理解するための定点観測のようなもの。無謀な夢に気付いて下方修正するのも、イージーな夢をあっさり実現して上方修正するのも、大事な夢との対話だと思うのです。

なにかの結果よりも、そのプロセスを意識することは、つき詰めると「時間」について深く考えるということではないでしょうか。

ゆとりある時間との付き合い方

時間をはかるにはカレンダーや時計がありますが、はかってみたところであまり意味はありません。というのはだれでも知っているとおり、その時間にどんなことがあったかによって、わずか一時間でも永遠の長さに感じられることもあれば、ほんの一瞬と思えることもあるからです。

なぜなら時間とは、生きるということ、そのものだからです。そして人のいのちは心を住みかとしているからです。

これは、ドイツの児童文学作家ミヒャエル・エンデの不屈の名作『モモ』（大島かおり訳、岩波少年文庫、二〇〇五）の中の一節です。少女モモのいる世界の人々は、時間貯蓄銀行で働く「灰色の男たち」に操られて、「できるだけ短時間にできるだけたくさんの仕事」をすることで時間を倹約し、人生を豊かにしているつもりが、じつのところ「時間どろぼう」に遭《あ》ってしまうのです。時間を奪われた人たちは、心にゆとりがなくなり、ものすごく忙しくなります。さらに自由に遊ぶことを禁じられた子供たちは「たのしいと思うこと、むちゅうになること、夢見ること」を忘れていきました。

この物語は、流れ続ける時間という、空気のように、ごくごく当たり前に存在するものに対して、私たちがちゃんと考えていないことへのエンデからの鋭い警告なのです。やはり、自分に与えられた時間を大切に、何か効率や目的だけに縛られないゆとりある時間との付き合い方について、それぞれが自分の心と向き合って考える必要があるのではないでしょうか。

心の感受性がすっかり閉じてしまっていては、世界は貧しくなってしまうと思うのです。夢は、そうした現実と非現実を架け橋することで、大事な時間について考える役割を担っていると考えられないでしょうか。

夢は、未知なる未来への扉なのです。その扉をこじ開けて、更なる高みへと歩みを進めるのは、自分の小さな一歩です。希望をもって、自分のタイミングで、たしかな一歩を重ねること。

すると、いつしか自分の周りに夢の共感者や仲間（同志）が増え、思いも寄らない場所に連れて行ってくれるのです。前向きな人の周りには、自然と前向きな人たちが集まってくる。そして、失敗しても諦めない。その先には、きっとアッと驚く風景が広がっていることがよくあるものです。

自分の心の声に忠実に、たくさんの他者を巻き込んで、みんなで夢を共有しながら実現していくことが、生き生きした豊かな社会への進むべき道ではないでしょうか。常識に捉われず、時代の空気を感じながら、それを実現できるのは、いつだって自分自身であり、あなたなのです。

高度経済成長に象徴されるような、社会が大きくなっていく時代に築かれたシステムには限界があることに、現代を生きる若者たちは、はっきりと違和感を感じているはずです。確実に世の中が少子高齢化と共に縮小していく変化の過程において、新しい価値観を共有しながらゆっくりとシステムを改良する必要を強く感じてなりません。それを自分たちの地図を頼りに、着実と前進するためには、拡大や成長、効率といったロジックだけでは、きっとこれから生き延びられないと思うのです。

それぞれが、違いを認め合い、比較考量する対立を超えて、モザイク状のバラバラさをそのままに、なめらかにブリコラージュしていくことで輝く「これから」の社会をみんなでつくり上げることができたら、どれだけ素晴らしいことでしょう。多様なメンバーでポリフォニーを奏でるのです。正解は、ひとつではないでしょうし、とても難しいことであったとしても、前向きに勇気をもって挑戦し続けたいと思うのです。

変化しながら夢を叶えるためには、まさに自分がずっと動き続けるしかありません。コツコツ雪だるまをつくり続けることです。

僕もまた、目の前にある山を登り続けることで、新しく見えてくる美しい風景に対して、自分がどのように反応するかをいつだって楽しみにしながら、一度きりの人生を謳歌《おうか》して、後悔しない生き方がしたい。自分で自分の未来が楽しみであるような、そんな毎日を過ごしたいと思っています。

果てしなき対話〜あとがきにかえて

この本は、「語り下ろし」という形式で進められ、僕にとっては、（連載をまとめるわけではなく）ゼロから本をつくるはじめての試みでした。編集者の鶴見智佳子さんとの対話は、いつも即興的で、とてもスリリングなものでした。予定調和な枠組みを乗り越えていくのは、いつだって「どうなるかわからない」状態を打破する、粘り強く柔軟な思考を持った者との対話です。

二年近く前からはじまった四回のインタビューをベースにこの本は、完成しました。漠然としたテーマだけを用意して、三時間ほど僕の事務所で思いのままに語り合う時間は、卓球のラリーのようにとてもスピーディで、いつも自分の頭の反射神経が問われるような楽しいものでした。それを文字に起こしてもらい、数ヶ月後に届いたラフな原稿を元にして、ほぼ丸っきり書き直していきました。

直接の対話も、予め《あらかじ》どんな話になるかあまり準備しないため、その時々にもっとも関心のあることが話題になったし、インタビューから文字起こしのラフ原稿が届くまでにも、時間的な充電期間があったおかげで、いつも新鮮な気持ちで自分の原稿に向き合うことができました。自分の話した内容を忘れてしまっていたことも、しばしばあります。どうなるかわからないことが前提にあったからこそ、透明な対話ができたように思います。

そして、今こうしてひとつの新書としてまとめられたことが、とても感慨深い。この本はニューヨークで書き上げました。アートフェアにドローイングを出展するために渡米し、その合間にホットケーキの美味しいイースト・マンハッタンのカフェで最後の原稿のチェックをやりました。まさに弱かった現実が対話を通して肉付けされ、あらゆるベクトルに拡張し、この数年間に思いを巡らせてきたことに、自分なりの言葉を与えることが

できたように思うからです。ここに書かれていることは、僕自身の思考のプロセスそのものです。

僕自身が書いたものであることには変わりませんが、いかなるものにも源泉があり、そうした養分のようなものを自分なりに折衷しながら、人は独自の世界を開拓します。多くのご縁を通して、強く影響された家族や師匠、友人たちの言葉が僕を介して表現されている、現段階におけるひとつの仮の姿として、まさにモザイク状にパッチワークされているのだと思います。決してやり直しの利かない、三十七歳の今だから書けたように思います。

そして、わからないということを自覚し、わかりたいと欲していれば、対話に終わりはありません。

ニューヨークのホイットニー美術館8階テラスからのスケッチ

編集者と二人三脚によってつくられた一冊の本を、僕は〝動く建築〟だと思っています。本を出版することは英語で「publish（パブリッシュ）」と言いますが、公（public）にするということを意味します。まさに、自分の個人的な〝手紙〟を社会に宛てて投函するということです。

そのプロセスにおいて、編集者のみならず、装丁のためのデザイナーや、印刷所の技術者、チェックする校閲者、最終的には読者に本を届ける書店員の方々まで、実にたくさんの人の力を借りて、思いの詰まった書物は完成し、手紙として読者へと届けられるのです。紙には、ぬくもりがあります。こうして多くの人の情熱が込められた本は、多面的な輝きを放ち、長く愛読されると信じています。

書く行為は孤独であっても、一冊の書籍となるのは幸福な共同作業の賜物《たまもの》です。

建築は建てられた場所へ実際に出向かなければ出会うことはありませんが、本は自由に移動することができるのです。絶版にさえならなければ、読みたいという人にとっては誰でもアクセス可能なものであり続ける。だからこそ、建築家として「建築は面白い」という思いを込めて、建築の世界をより拡張するような手紙としての本による情報発信を続けたいと思っています。

僕とちくまプリマー新書とのファーストコンタクトは、内田先生が書いた『先生はえらい』（二〇〇五）という本でした。このダイレクトなタイトルと軽妙な語り口で、何度も膝を叩《たた》きながら自分の視界が徐々に広がっていくのに興奮して読んだことを今でも鮮明に覚えています。それから数年して、まさか自分も内田先生と同じシリーズの末席に座らせてもらう日がくるなんて、未《いま》だにちょっと信じられません。

もう一冊、吉本ばななさんの『おとなになるってどんなこと?』（二〇一五）を読んだのも、記憶に新しい。吉本さんの奥行きある真摯な言葉遣いに、多くの学びが発動したように感じました。そこで語られた文章が、とても豊かなモザイクに見えたからです。

そして、このシリーズが中高生に向けて書かれていることが、まさに「まだ見ぬ顔の見えない」読者への贈り物であることをたしかな手触りとして実感することができました。

僕もまた建築家という自分の仕事に対して、できる限り正直に、最大限の敬意を払いながら将来の子供たちに向けてこの本を書いてみました。具体的には、まだ文字が読めるようになるにはずいぶんと時間がかかりますが、娘の結衣を想定読者としました。

本書でも何度も書きましたが、いま、考えていることの多くは、受験勉強の類と違って予め用意された正解がありません。それは、僕自身が書きながら考えたことでもあり、柔軟に変化できるような可塑性をもって、これからも更に手を加えようと思っている深く大きなテーマばかりです。しかし、わからないからこそ、いまの感性を大切に、考え続けたい。

あのブルース・リーの有名なフレーズに、"Don't Think, Feel"というのがあります。僕も好きな言葉ですが、このフレーズだと、どこか「Think」を否定して、「Feel」ばかりが大事なようなニュアンスがあるのも事実です。むしろ僕は、"Always Think, Always Feel"と言いたい。心を透明にして、思考と感覚を行き来する果てしなき対話こそ、成熟への近道だと思うからです。それは、もうおわかりのように、人間との言語を介した対話だけでなく、建築や風景、空間との非言語的な対話と共に、ずっと継続していきたいものです。タイトルの「建築という対話」に込めたものも、建築によって多様な対話を可能にする身体性を育《はぐく》みたいという思いからつけたものです。

この本を読んでくれた皆さんにとって、こうした対話がまた次なる豊かな対話へと結びついていくきっかけになってくれたとしたら、著者冥利に尽きる思いです。この一冊は、先人たちから受け取った贈り物に対する、僕なりのパスのつもりです。ここに感謝の気持ちを表したいと思います。

僕自身は、一人でも多くの人に建築の魅力を伝えるべく、これからも誠意ある情報発信を続け、生命力のある建築がつくられるように精進したいと思っています。どこかで、私たちの夢に接点が生まれることを信じて、建築家という未知なる山をこれからも一歩一歩登り進めたい。

最後まで読んでいただき、本当にありがとうございました。勇気ある一歩のために。

ニューヨークにて　光嶋裕介

おすすめブックリスト

本書で引用した書籍とともに、ここにリストアップしたものは、僕がこれまで読んできた本のなかでもとりわけ心を揺さぶられた四十五冊です。勝手ながら、著者が重複しないように、ひとり一冊とさせてもらいました。自分の本棚の一等地をお見せするような恥ずかしい気持ちもありますが、ぜひ、これらの本を手にとってもらいたい。建築・思想からはじまって、文学・詩と続き、最後には強く影響を受けたマンガも並べてみました。それぞれ詳しくご紹介したいところですが、紙面の関係でそれは、かないません。しかし、このなかのどの一冊を手にしても、新しい発見に満ちた素晴らしい体験が待っていることでしょう。

【建築・思想】

『生きのびるための建築』石山修武（NTT出版、二〇一〇）
『建築の無限』毛綱毅曠（朝日出版社、一九八〇）
『空間へ』磯崎新（鹿島出版会、一九九七）
『非建築的考察』鈴木了二（筑摩書房、一九八八）

『生きられた家』多木浩二（青土社、二〇一二）
『隠喩としての建築』柄谷行人（岩波書店、二〇〇四）
『空間の詩学』ガストン・バシュラール（思潮社、一九六九）
『宇宙船地球号操縦マニュアル』バックミンスター・フラー（ちくま学芸文庫、二〇〇〇）
『現代建築史』ケネス・フランプトン（青土社、二〇〇三）
『建築の多様性と対立性』ロバート・ヴェンチューリ（鹿島出版会、一九八二）
『環境としての建築』レイナー・バンハム（鹿島出版会、二〇一三）
『S,M,L,XL+』レム・コールハース（ちくま学芸文庫、二〇一五）
『悲しき熱帯』クロード・レヴィ＝ストロース（中央公論クラシックス、二〇〇一）
『見えるものと見えざるもの』メルロ＝ポンティ（法政大学出版局、一九九四）
『生態学的視覚論』J・J・ギブソン（サイエンス社、一九八六）
『複製技術時代の芸術』ヴァルター・ベンヤミン（晶文社、一九九九）
『森の生活』ヘンリー・デヴィット・ソロー（岩波文庫、一九九五）
『根をもつこと』シモーヌ・ヴェーユ（春秋社、一九六七）
『日本的霊性』鈴木大拙（岩波文庫、一九七二）

『人間の建設』小林秀雄、岡潔（新潮文庫、二〇一〇）
『ためらいの倫理学』内田樹（冬弓舎、二〇〇一）
『あわいの力』安田登（ミシマ社、二〇一四）
『生物と無生物のあいだ』福岡伸一（講談社現代新書、二〇〇七）
『悲しみの秘儀』若松英輔（ナナロク社、二〇一五）
『数学する身体』森田真生（新潮社、二〇一五）
『自由からの逃走』エーリッヒ・フロム（東京創元社、一九六五）
『カフカとの対話』グスタフ・ヤノーホ（みすず書房、二〇一二）

【文学・詩】
『世界の終りとハードボイルド・ワンダーランド』村上春樹（新潮社、一九八五）
『陰翳礼讃』谷崎潤一郎（中公文庫、一九九五）
『箱男』安部公房（新潮文庫、二〇〇五）
『親愛なる』いとうせいこう（河出書房新社、二〇一四）
『犬婿入り』多和田葉子（講談社文庫、一九九八）

『アインシュタインの夢』アラン・ライトマン（早川書房、二〇〇二）
『モモ』ミヒャエル・エンデ（岩波少年文庫、二〇〇五）
『パウル・ツェラン詩文集』パウル・ツェラン（白水社、二〇一二）
『不安の書』フェルナンド・ペソア（新思索社、二〇〇七）
『終わりと始まり』ヴィスワヴァ・シンボルスカ（未知谷、一九九七）
『終わりなき対話』モーリス・ブランショ（筑摩書房、二〇一六）

【マンガ】
『スラムダンク』井上雄彦、（集英社、二〇〇一）
『アドルフに告ぐ』手塚治虫、（文藝春秋、一九八五）
『鉄コン筋クリート』松本大洋（小学館、二〇〇七）
『ねじ式』つげ義春、（青林工藝舎、二〇〇〇）
『風の谷のナウシカ』宮崎駿（徳間書店、一九九四）
『はだしのゲン』中沢啓治（汐文社、一九九三）
『童夢』大友克洋（双葉社、一九八三）

chikuma primer shinsho

ちくまプリマー新書279

建築《けんちく》という対話《たいわ》　僕《ぼく》はこうして家《いえ》をつくる

二〇一七年五月十日　初版第一刷発行

著者　光嶋裕介（こうしま・ゆうすけ）

装幀　クラフト・エヴィング商會

発行者　山野浩一

発行所　株式会社筑摩書房
東京都台東区蔵前二-五-三　〒一一一-八七五五
振替〇〇一六〇-八-四一二三

印刷・製本　株式会社精興社

ISBN978-4-480-68980-1 C0252 Printed in Japan

乱丁・落丁本の場合は、左記宛にご送付ください。
送料小社負担でお取り替えいたします。
ご注文・お問い合わせも左記へお願いします。
〒三三一-八五〇七　さいたま市北区櫛引町二-六〇四
筑摩書房サービスセンター　電話〇四八-六五一-〇〇五三